और ज़िंदगी

एक खूबसूरत किताब हो गई

और ज़िंदगी

एक खूबसूरत किताब हो गई

संदीप 'अंजुमन'

संकलन - अंशु मट्टू

Copyright © Sundeep Kumar 2023
All Rights Reserved.

ISBN 979-8-89026-956-0

This book has been published with all efforts taken to make the material error-free after the consent of the author. However, the author and the publisher do not assume and hereby disclaim any liability to any party for any loss, damage, or disruption caused by errors or omissions, whether such errors or omissions result from negligence, accident, or any other cause.

While every effort has been made to avoid any mistake or omission, this publication is being sold on the condition and understanding that neither the author nor the publishers or printers would be liable in any manner to any person by reason of any mistake or omission in this publication or for any action taken or omitted to be taken or advice rendered or accepted on the basis of this work. For any defect in printing or binding the publishers will be liable only to replace the defective copy by another copy of this work then available.

No part of this book may be reproduced, distributed, or transmitted in any form or by any means, including photocopying, recording, or other electronic or mechanical methods, without the prior written permission of the author, except as permitted by indian copyright law. For permission requests, contact [info@ sundeepanjuman.com] or [sundeepanjuman@gmail.com]

''क्या मैंने कहा, क्या तुमने सुना ...''

मेरी बात आपके दिल तक ना जाए तो मैं
लिखूँ ही क्यूँ.....

-----------------------------संदीप 'अंजुमन'-----------------------

अब मैं क्या कहूँ

संदीप को सुनने का अवसर मिला और फिर ख्याल आया कि एक खूबसूरत गुलदस्ता बना दें जिसमें तरह - तरह के फूल खिलें हो ...और दिलों में उतर जाए इनकी खुशबू ।

तो चुने ,कुछ खूबसूरत अल्फ़ाज़ और बना दी ये किताब ।

भाषा ऐसी है जो सीधा दिल पर दस्तक देती है। कई बार सुनकर आश्चर्य होता है कि अच्छा इस बात को इस तरह भी कहा जा सकता है जैसा संदीप ने कहा है । बेहद सादगी के साथ ....

वैसे स्वभाव में सादगी हो तो बातों में सादगी आ ही जाती है इसमें कोई हैरानी नहीं ।

एक जगह वह लिखते है ''आंसा नहीं है भुला देना हमको यूँ ही ....

हम नहीं जाते दिल से,इक बार आ जाने के बाद ॥''

चाहे प्रेम की बात हो या दर्द की ,घर की कहानी हो ,एक आम इन्सान की ज़िंदगी हो, माँ की बात हो , बचपन का साथ हो या जंग के सिपाही की सच्ची दास्तां ......

इस किताब ने जितनी खूबसूरती और आसानी से ज़िंदगी के पहलुओं को छूआ है ,लगता है हमारी ही बात हो जैसे ....

एक आम इन्सान शायद इसी लिये संदीप 'अंजुमन' को ख़ुद से जुड़ा हुआ पाता है ।

वह कहते है कि ऐसा कुछ भी लिखने और सोचने के लिए जरूरी है कि आप उस मंजर ,उस ख़्याल की तह तक जाए ।

इतना खो जायें कि अल्फ़ाज़ ख़ुद ब ख़ुद मजबूर हो जाए ,आपका साथ देने के लिये ।

बहोत से लोग थे जो साथ थे और कारवाँ बनता गया । अमनदीप कौर , जिन्होंने इस किताब को लिखने के लिये हर संभव मदद की । श्री मनोज कुमार सिंह जी का बरसो का अनुभव , एक नई उम्मीद देता रहा । और हमेशा सराहना करने वाले वह हज़ारों लोग जो दुनिया की भीड़ में गुम रहकर भी साथ रहे है और आज भी साथ हैं ।

आप सबके स्नेह और आशीर्वाद के लिए मैं तहे दिल से आभारी रहूँगी ।

ये खूबसूरत किताब सिर्फ एक किताब भर नहीं है बल्कि सरमाया है एक आम इंसान की ज़िंदगी का ...

एक आईना है हर उस इंसान का जो मिट्टी से जुड़ा है ...

संकलन

अंशु मट्टू

Founder, MY LYRICS MY WORDS

मेरी कलम से

जुनून है तो कुछ भी मुमकिन है

हाँ, लेकिन जुनून है ये बात समझने और औरों को समझाने में एक अरसा लगा ।

संदीप ,ये नाम तो ज़रा भी शायराना नहीं है कई चाहने वालों ने कहा,

। सोचा नाम में क्या रक्खा है एक आम इंसान का आम सा नाम ......आप सब तो मुझे इसी नाम से जानते है ना ।

मेरा नाम आप सब तक पहुंचाना मेरा मकसद कभी था ही नहीं ,मकसद तो था वो बातें, वो नज़्में आप तक पहुँचाना, जो आपका है

मैंने तो बस शब्द दे दिये है ,दिल में मचलते जज़्बातों को ....

ज़िंदगी में जीतने वालों में एक बात तो आम रही है और वो ये कि उन सबने कभी ना कभी अपना पहला कदम बढ़ाया है, मुश्किलों के बावजूद । रास्तो का पता ना जानने के बावजूद

पाँचवीं कक्षा में था जब पहली बार सजा मिली थी, कक्षा के बाहर खड़े रहने की । ना ना शरारत के लिए नहीं बल्कि कापी के पीछे पन्नों पर अपनी ही कुछ पंक्तियाँ लिख देने के लिए ....

बस फिर क्या था स्कूल से लेकर घर तक खूब खिचाई हुई । लिखना तो बंद नहीं हुआ कापी के पीछे पन्नों पर , लेकिन कभी किसी से कहा नहीं ......सोचकर कि कहीं डांट ना पड़ जाए या फिर ये सोचकर कि सब हँसेंगे मुझ पर ....

हर साल रद्दी वाला आता और पुरानी कापियाँ ले जाता और मैं वहाँ कोने में खड़ा देखता रहता चुप-चाप ...

अगर हर कोई यही सोचकर रह जाएगा कि लोग क्या कहेंगे ,मैं नहीं कर सकता तो आज भी जारी रहता मेरा चुपके-चुपके लिखते रहने का सफ़र और बचपन की तरह उन कापियों को रद्दी की टोकरी में जाते हुए चुपचाप देखते रहता जिन पर ऐसा ही कुछ लिखा था मैंने कभी ।

स्कूल से कॉलेज तक यही सिलसिला रहा । थोड़ा होश संभाला तो संजोना शुरू किया ,लिखे हुए पन्नों को ...

ढेर भर लिख डाला सालो साल और कर दिया कैद अपनी अलमारी में ।

ये सिलसिला आज भी जारी है .....मगर एक टीस सी है मन में जो आपका है आप तक पहुँचाना है ।

अच्छा लगता है जब लोग कहते है ,वाह !

वाह सुनकर नहीं ,उनकी अमानत उन तक पहुँचाकर । जो आपके लिए लिखा ,आप तक पहुँचा कर ...

हर प्राणिमात्र को कुदरत ने एक ख़ास मकसद के लिए इस जमीं पर भेजा है और वो मक़सद हमें तलाश करना है ।

अमन और शांति ,प्यार और मुहब्बत का मक़सद ...

मुझे मेरा मकसद मिल गया है।

सप्रेम

ख़्वाबों को पूरा करने की आरज़ू लिये चलता चला और .....चलता चला ।

मेरी ख़्वाहिशें मुझे यहाँ ले आयी है।

अब तलक ज़िंदगी ने मुझे जिया

लेकिन

अब मैं ज़िन्दगी को जी लेना चाहता हूँ .....एक हुनर है मेरे पास, दुनिया से बाँट लेना चाहता हूँ ।

जो आपका है, आपको लौटा देना चाहता हूँ

संदीप 'अंजुमन'

Khwabon ko pura karne ki aarzu liye chalta chala aur ....chalta chala

Meri khwahishein mujhe yahan le aayi hain

Ab talak zindagi ne mujhe jiya

Lekin...

Ab main zindagi ko jee lena chahta hoon....ek hunar hai mere paas,dunia se baant lena chahta hoon

Jo aapka hai,aapko lauta dena chahta hoon.

....

और ज़िंदगी एक खूबसूरत किताब हो गई ...

कुछ और ना आया कभी हमको

मेरे महबूब की तारीफ़ के सिवा ....मैं लिखता गया नज़्म पर नज़्म

और

ज़िंदगी एक खूबसूरत किताब हो गई ...

KUCH AUR NA AAYA KABHI HUMKO

MERE MEHBOOB KI TARIF KE SIWA.... MAIN LIKHTA GAYA
NAZM PAR NAZM

AUR

ZINDAGI EK KHOOBSURAT KITAAB HO GAYI .....

नज़्म-कविता

फ़ेहरिस्त INDEX

Section 1 मुहब्बत-हो गई जब

Section 2 हमसफर – तेरा साथ है तो

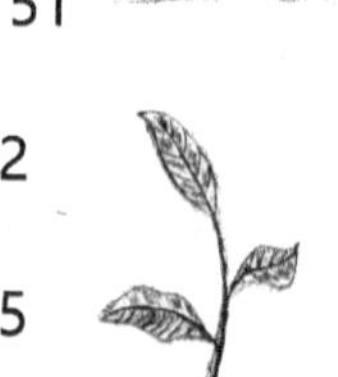
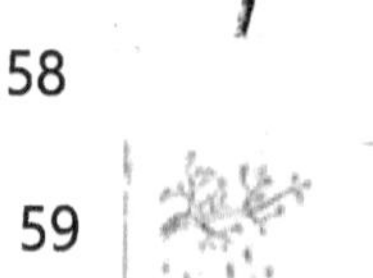

Section 3 ज़िन्दगी-तेरे सितम

Section 4 शुक्रिया तो कहिये

Section 5 मैं हूँ ना-ज़िंदगी

Section 6 बड़ा सा क्यूँ - एक सवाल

Section 7 ज़िन्दगी धुआँ-धुआँ

Section 1

मुहब्बत-हो गई जब

शामिल है तू दुआओं में

आदत सी हो गई है तुझको ढूँढ लाने की ।
शामिल है तू दुआओं में मेरी आरजू बनकर ॥

AADAT SI HO GAYI HAI TUJHKO DHOOND
LAANE KI

SHAAMIL HAI TU DUAON MEIN MERI AARZU
BANKAR

तुमसे कितना कुछ कहने को था -

बादल, मौसम और नोट्स के सिवा ।

ना मैं कह पाया , ना तुम सुन पाए ॥

काश आँखों की ज़बाँ भी समझती तुम

Tumse kitna kuch kehne ko tha -badal, Mausam aur notes ke siwa .

Naa main keh paaya,naa tum sun paaye .

Kaash aankhon ki zabaan bhi samajhti tum …..

काश आँखों की ज़बाँ भी समझती तुम

सोचा तो था कि आज फिर कह दूँ ,हाल-ए-दिल तुमसे । मौका मिला तो कह दिया , मेरी अपनी ज़बाँ में ...

मैं वहाँ वो दू ....र आम के पेड़ के नीचे खड़ा था । तुम आयीं, सामने से गुज़री और मुझे देखकर मुसकुराईं ।

मैंने जो कहा, तुमने सुना था । मुझे देखकर मुस्कुराई थी तुम ।
मगर तुम रुकी नहीं
........शायद कल रुक जाओगी ।
या फिर जो मैंने कहा ,तुम समझी ही नहीं ।

वैसे इसमें क्या नया है, आज भी तो वही हुआ था जो हर रोज
होता रहा है ,

यही पिछले बरस भी हुआ था और उसके पिछले बरस भी ।

काश आँखों की ज़बाँ भी समझती तुम ......

ज़बाँ-भाषा

दस्तूर-ए-इश्क़

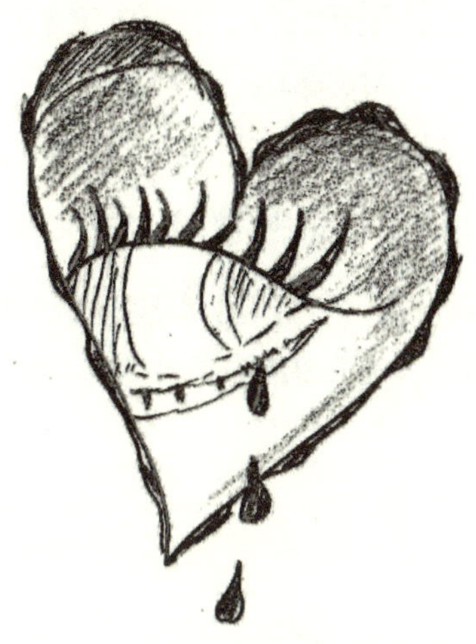

दस्तूर-ए-इश्क़ है,
मुकम्मल ना मिलेगा।
कभी आँखों से बहेगा ,
कभी दिल में रहेगा ॥

Dastoor-e-ishq hai, mukkamal na milega

kabhi ankhon se bahega kabhi dil mein rahega

दस्तूर-रिवाज़   मुकम्मल-पूरा

✱✱मगर वो नहीं रुके✱✱

मुझे जाता देख, भरी दोपहरी ....वो नंगे पाँव दौड़ी चली आई थी,
घर की चौखट तक ।

और पाँव चौखट से बाहर रखने को ही थी कि वो रुक गयी ,मानो
किसी ने फुर्ती से रोका हो उसे ।

हमारे संस्कारों और परिवारों की बेड़ियाँ इतनी भी कमजोर नहीं
कि कोई यूँ ही आसानी से उसे लाँघ सके ।

तो रुक गयी वो भी

और दूर तक निहारती रही राह को .....

मगर वो नहीं रुके

"आँसू"

निरउत्तर , निरन्तर बहे जा रहे थे ......

खुशबू तेरी

बड़ी शिद्दत से संभाली है, हमने खुशबू तेरी।

वरना हवाओं के इरादे..... मुकम्मल हो चले थे ॥

Badi shiddat se sambhali hai humne khushboo teri

warna hawaon ke iraade mukammal ho chale thay

शिद्दत-कठिनाई,कष्ट   मुकम्मल- पूरा

✸✸ज़वाब जल्दी दे देना✸✸

सर्द दिसम्बरों का महीना था । साल 5 जुलाई, 2005, सुबह का समां ।

सूरज की इक गुलाबी सी किरण झरोखे से होते हुए मेरे घर के आँगन में आ गिरी थी ।

बाहर बागीचे में आम के पेड़ पर बैठी कोयल लगातार अपनी मधुर आवाज़ में कूक रही थी ।

आसमान……. , आसमान साफ़ था, नीला और पंछी अपनी उड़ान पर, हमेशा की तरह ।

बाकी ऐसा कुछ खास नहीं इस सुबह में जो याद रक्खा जाए ।

हाँ मगर किसी की पायल के घुंघरूओ की छनछनाहट ने मेरा ध्यान खीचा था । तुम वो धानी चुनर ओढ़े आई थी मेरे घर, पहली दफ़ा ।

और हाथ में चाय का कप थामे ,चुसकिया लेता मैं ….. , वहीं जड़ सा खड़ा था...

जब हजारों सितार एक साथ बज उठे थे और सारा आसमान इंद्रधनुष के रंगो सा खिल उठा था ।

झूमकर सारी धरती एक साथ गा उठी थी । जाने क्यूँ कोई विश्वास ही नहीं करता मेरी इन बातों पर ….सच का भी प्रमाण चाहिये सब को ।

तुमने ...तुमने देखा था ना।

जवाब जल्दी दे देना अगर हो सके तो ,ये सब लोग मुझे दीवाना कहने लगे है ।

आँखें बंद करूँ तो जैसे

कुछ बातों के जवाब नहीं होते , सिर्फ अहसास होते हैं।

और ये अहसास दिल के बहोत नज़दीक ,बहोत ख़ास होतें हैं....

इनमें मैं हूँ और तुम भी ,आँखें बंद करूँ तो जैसे छू लूँ तुमको ॥

KUCH BAATON KE JAWAAB NAHI HOTE, SIRF EHSAAS HOTE HAIN

AUR YE EHSAAS DIL KE BAHOT NAZDEEK, BAHOT KHAAS HOTE HAIN

IN MEIN MAIN HOON AUR TUM BHI, AANKHEIN BANDH KAROON TO JAISE CHOO LOON TUMKO

हवाओं में ख़ुशबू है

हवाओं में ख़ुशबू है उनके आने से।
ये न समझो कि इसमें फूलों की कोई कारीगरी है... ॥

कारीगरी- कुशलता

✳फिर मुझ दीवाने को शायर होने में...✳

तेरे शहर का मौसम खुशगवार लगे ।
कुछ पल ठहर जाऊँ.... अगर जो आप कहें ।।

सर को झुकाए चलते रहे उम्र भर
मुमकिन है निशां सादगी के हमारी , तुमको बार-बार मिलें
तेरे शहर का मौसम .....

मेरे कोरे ख़त का जवाब तेरा इक गुलाब
सादगी ये उनकी , क्यूँ नहीं मन को छले
तेरे शहर का मौसम ......

वो पहली नज़र का जादू, कमाल!

मेरे हर सवाल का जवाब ....आप

आप ही चश्म-ए-माहताब लगे

तेरे शहर का मौसम ....

आंसा नहीं था तुझको यूँ लफ़्ज़ों में ढाल देना ।

महबूब मेरे देखो तो ज़रा....

पहले खुद को दीवाना ....फिर मुझ दीवाने को शायर होने में
कितने साल लगे ।

तेरे शहर का मौसम ....

कोशिश न कीजिये भुला देने की

दर्द-ए-दिल की दवा हैं हम, ढूंढ लाने में कहीं फिर ना उम्र
तमाम लगे ।

तेरे शहर का मौसम खुशगवार लगे

कुछ पल ठहर जाऊँ अगर जो आप कहें

मुहब्बत-मुहब्बत-मुहब्बत

मुहब्बत में ख़ुद को भुला बैठे है जो

द्वार उधर कोने में बैठे है वो

या रब उनको ,मेरा सलाम मिलें

तेरे शहर का मौसम खुशगवार लगे

कुछ पल ठहर जाऊँ अगर जो आप कहें

❖

मुमकिन-संभव   चश्म-ए-माहताब -चाँद की रोशनी, चाँदनी   निशां - निशान,
पहचान   लफ़्ज़ों-शब्दो

मक़ाम तेरा

गुज़र गया है कई बार छूकर मुझे ख़्याल तेरा ...
शायद दिल के आस-पास ही है
मक़ाम तेरा ॥

GUZAR GAYA HAI KAI BAAR CHUKAR MUJHE
KHYAAL TERA

SHAYAD DIL KE AAS PAAS HI HAI

MAKAAM TERA

वो जो हम पर गुज़री

यूँ तो एक अरसा बीत गया है इस वाकये को । साल 2005 ,मोबाइल फोन का चलन नया ही था । आम बात थी किसी के पास मोबाइल फोन का ना होना जब मैंने पूछा उनसे,

"अच्छा, फिर कब मिलोगे"

मोबाइल फोन के दूसरी ओर से जवाब आया 3 दिन ....हाँ .... 3 दिन बाद ।

कुछ क्षण का सन्नाटा ....फिर उधर से आवाज़ आई ।

.....मोबाइल नहीं होगा मेरे पास। बात नहीं हो पायेगी ।

थोड़ी ख़ामोशी .....फिर मैंने कहा 3 दिन ......72 घण्टे ......4320 मिनट और करीब 20 25 हजार सेकंड ।

25 हजार सेकंड.... मैं दोहराया ।

ज़िंदगी कठिन है बहोत ....तुम न मिलो तो लम्बी भी ।

ठीक है इंतज़ार रहेगा तुम्हारा और फिर ..... वक़्त इतना लंबा और बेपरवाह गुज़रा कि पहले कभी ऐसा गुज़रा न था ।

किस-किस से बात नहीं की ,उस खाली पड़े घर में ।

खिड़कियाँ ,दरवाजे ,दीवारें ,चाँद -तारे ,बागीचे के पेड़ पौधे और दरख़्त सबसे बात कर डाली थी ,इंतज़ार में तुम्हारे ....

कई दफ़ा ,रात के सन्नाटे से भी पूछा ''नींद का पता''

इंतज़ार इतनी शिद्दत से किसी का ....ना इससे पहले कभी किया और ना ही इसके बाद

अच्छा लगता है सोचकर .... वो जो हम पर गुज़री ......वही जो दीवानों पर गुज़रती है ....

अपने ही घर में अजनबी थे, हम .....

मुझको ख़बर नहीं

मैं सोचता हूँ क्या,मुझको ख़बर नहीं
हाँ तुमको सोचता हूँ ,ये दिल की बात है

Main sochta hoon kya, mujhko khabar nahi
haan tumko sochta hoon, ye dil ki baat hai

ख़बर-पता

ज़िन्दगी कुछ तो बता तेरा इरादा

इक निगाह उनकी और फैसला दिल का

इसमें मेरा कसूर क्या है

ज़िन्दगी कुछ तो बता तेरा इरादा क्या है

दो अल्फ़ाज मुहब्बत से ,दो बातें दिल की धड़कन सी मैं ठहर गया ,

इसमें मेरा कसूर क्या है

ज़िन्दगी कुछ तो बता तेरा इरादा क्या है

तेरे चेहरा देखकर सुकून आता है

इक अहसास है तू ,रूह में उतर जाता है

ज़िन्दगी कुछ तो बता तेरा इरादा क्या है

कैसे कह दूँ तेरी आवाज़ नहीं आती दिल को

तू रूह में शामिल है ,मेरी दुनिया और क्या है

ज़िन्दगी कुछ तो बता तेरा इरादा क्या है

सुनता तो रहा ,पर जवाब ना बना

इस ज़िन्दगी का कोई तुम सा तलबगार ना मिला

चाहा तो बहोत कि कह दूँ तुमसे

हिम्मत को मेरी मगर, परवाज़ ना मिला....

ज़िन्दगी कुछ तो बता,

तेरा इरादा क्या है

————◆————

निगाह- नज़र   फैसला - निष्कर्ष   कसूर - गलती   इरादा - इच्छा

बेहिसाब याद आए

कोशिशें बहोत की हमने ,तुमको भुला देने की।
मगर तुम याद आए और
बेहिसाब याद आए ......

Koshishein bahot ki humne, tumko bhula dene ki

magar tum yaad aaye aur

behisaab yaad aaye........

बेहिसाब-अनगिनत

मुकम्मल मिल

मिलना है तो मुकम्मल मिल ।
यूँ टुकड़ो -टुकड़ो में मिलना क्या है ॥

Milna hai to mukkamal mil .

yoon tukdon - tukdon mein milna kya hai ...

Section 2

हमसफर - तेरा साथ है तो

✳तेरी हर निगाह✳

तेरी हर निगाह को परख के देखा है
ऐ ज़िन्दगी, हमने तुझे बहोत करीब से देखा है

बहलना होता तो बहल जाते, अब तलक
हर शख़्स से हमने यहाँ **दिल**, बदल के देखा है

तेरी हर निगाह को परख के देखा है
ऐ ज़िन्दगी, हमने तुझे बहोत करीब से देखा है

दबी-दबी सी हँसी लबों पे मेरे चली आई है
जब से पलट के उसने ,इक बार देखा है

तेरी हर निगाह को परख के देखा है

ऐ ज़िन्दगी ,हमने तुझे बहोत करीब से देखा है

मेरे लिए फ़िक्र तुम्हारी किसी लफ़्ज़, किसी ताररुख की मोहताज़ नहीं

ये मोहब्बत का सदका है, जो संभाला है सहेजकर तुमने अब तलक

हर दौर-ए-उम्र में हमने यही देखा है

तेरी हर निगाह को परख के देखा है

ऐ ज़िन्दगी, हमने तुझे बहोत .....करीब से देखा है

फ़िक्र -चिन्ता करना   लफ़्ज़-शब्द   ताररुख-जान पहचान

मोहताज़ – गुलाम   करीब-नज़दीक

क्यूकि जोड़ियाँ आसमानों में बनती हैं

द्वर द्वर तक राहों में फूल खिलें थे, ये इत्तेफाक था...
फिर आप हमसे मिलें थे, ये भी इत्तेफाक था ।
और फिर ये इत्तेफाक बार-बार हुआ
क्यूकि जोड़ियाँ आसमानों में बनती हैं ॥

DOOR DOOR TAK RAAHON MEIN PHOOL
KHILE THAY, YE ITTEFAAK THA.
FIR AAP HUMSE MILE THAY YE BHI
ITTEFAK THA.
AUR FIR YE ITTEFAK BAAR BAAR HUA, KAI
BAAR HUA ...
KYUKI JODIYAAN AASMANO MEIN BANTI HAIN

टूटकर बिखर गया है वो

जनवरी 2022 ,मैं जम्मू में था । छननी हिम्मत कॉलोनी । बुलबुल और बेटा भी साथ ही थे ।

वक़्त बीत रहा था और ज़िंदगी भी हिचकोले खाते हुए ठीक-ठाक ही चल रही थी ।

किराये के घर से अपने घर शिफ्ट करने की बात चल रही थी । वैसे किराये का घर सिर्फ़ कहने भर को, प्यार इतना कि प्यार का घर कहना ज्यादा ठीक होगा इसे । मेजर जनरल देवराज शर्मा और उनका परिवार, लैंड लोर्ड बनना तो कभी आया ही नहीं इन्हे । बस हमेशा एक अच्छे इन्सान ही बने रहे । ऊपर वाला ऐसे लोग कम ही बनाता है .....
कभी जम्मू जायें तो जरूर मिलिएगा इनसे

खैर अपनी बात जारी रखते हैं । घर का काफी समान ले चुके थे शायद ही कुछ बाकी था ।

नए घर में सजावट का काम हम तीनों ने बहुत ही दिल लगाकर किया था । अब चाहे रसोई घर के समान की बात हो या पूजा घर की । सब कुछ अव्वल , बेड , दीवारें बिलकुल अलग ।

बुलबुल ने कहा ,घर तो इंसान जीवन में एक ही बार बनाता है ,बड़ा हो या छोटा इससे कोई फर्क नहीं पड़ता । इसलिए छोटा मगर सब कुछ अपनी पसंद से तराश कर बनाया ।

आर्यन बहोत खुश था । स्विमिंग और टब का बहोत शौक था उसे बचपन से । 6 साल का था तबसे ।

हाँ । उसकी ये इच्छा पूरी करने में 5 साल का वक़्त लगा। एक नहाने का टब भी छोटे से घर में आ गया था इसी महीने के आख़िर तक नए घर में शिफ्ट करने का प्लान था ।

एक दिन ऑफिस से बुलावा आया और नोएडा ट्रान्सफर का फरमान हाथ में था ।

थोड़ा परेशानी तो हुई मगर क्या करता । बता दिया घर पर ।

ड्यूटी जॉइन भी एक सप्ताह में ही करनी थी । कोई गुंजाइश भी नहीं थी तारीख़ आगे बढ़ने की ।

हम ज़िंदगी में सोचते तो बहुत कुछ हैं , नित नई योजनाये बनाते है और उसके लिये कोशिशें भी करते हैं ,ज़िंदगी आपके हिसाब से चलती भी है लेकिन हमेशा नहीं ।

जब भी ज़िंदगी आपके हिसाब से नहीं चलती तो समझ लीजिये आपको कुछ नया सिखाना चाहती है ये । आपके लिये कुछ बड़ा सोचा है इसने ।

18 जनवरी 2022 के दिन मेरी फ्लाइट थी, इंडिगो, जम्मू से दिल्ली के लिये ।

जैसे-जैसे मेरे जाने का दिन नजदीक आ रहा था, कुछ सन्नाटा सा घर में छाता जा रहा था ।

बेटे और पत्नी ने कहा ,हम भी चलेंगे साथ। आज तक तो आप कभी अकेले गए नहीं ।

नहीं ,अभी होटल में रहना होगा और फिर मैं लौट आऊँगा जल्दी ही ,26 जनवरी तक ,मैंने कहा । फिर देखते है आगे क्या करना है । मेरा ऐसा कहते ही फिर से सन्नाटा ...

किसी ने कुछ नहीं कहा एक दूसरे से ...लेकिन उनकी आँखों की ख़ामोशी मैं बहुत अच्छे से पढ़ सकता था । बेटे ने मासूमियत से इतना ही कहा , एक दिन के लिये नये घर जा सकते है क्या,टब देख सकता हूँ मैं क्या ?

मैंने कहा ,ठीक है ।

18 जनवरी ,हल्की-हल्की ओस गिर रही थी ,मौसम काफी ठंडा था ,तापमान 14 डिग्री के करीब । फ्लाइट के लिये एयरपोर्ट आने की तैयारी में था । मुझसे लिपटकर रो दिये दोनों ....बुलबुल कहती गयी और मैं सुनता गया .....

नीचे आकर गाड़ी में बैठ गया मैं, नम आँखों से । गली के मोड पर, गाड़ी की खिड़की से बाहर पीछे मुड़कर देखा तो बुलबुल को अपने आँसू पोंछते हुए ।

ख़ैर एयरपोर्ट पर चैकइन किया और फ्लाइट के इंतज़ार में बैठ गया । घड़ी देखी, अभी भी करीब 1:15 घंटा बाकी था फ्लाइट में।

ज़हन के किसी कोने में कुछ तो चल रहा था तो डायरी निकाली बैग से अपने और लिख डाला , जो दिल में था ।

न जाने क्यूँ लगता है, मेरी आवाज़ दिल तक जाती होगी आपके ...

टूटकर बिखर गया है वो

बारिश की बूँदों सा बरस गया है वो ।
मेरे ...दूर जाने कि बात सुनकर
टूटकर बिखर गया है वो ......

वादा था ,साथ निभाने का उम्र भर
इतना कहकर ...मुझसे लिपटकर रो गया है वो
बारिश की बूँदों सा बरस गया है वो

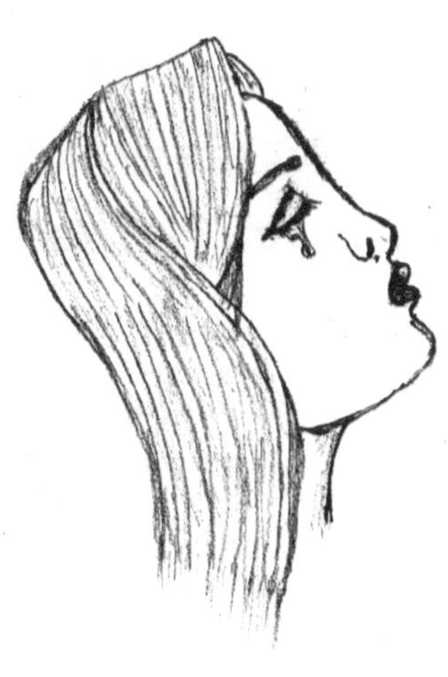

आँखें सवाल हैं ,पलकें जवाब हैं
अपने सवाल का खुद ही ज़वाब बन गया है वो
बारिश की बूँदों सा बरस गया है वो ....

ख़्वाबों की तरह दिल में बसाया तुमको
पाया...हमने पाया तुमको
अब नहीं खोना ,खुद को खोकर पाया है जो
बारिश की बूँदों सा बरस गया है वो ....

आँखें तो नम मेरी भी हैं, उनके ख़्याल से ।
गम हो या ख़ुशी, मुस्कुराना आदत है मेरी
शायद ...समझ गया है वो
बारिश की बूँदों सा बरस गया है वो ...

नैन हमारे सावन -सावन तरसे हैं
नैन हमारे रिमझिम रिमझिम बरसे हैं
अबके.... बिन सावन, बिन बादल
बारिश कि बूँदों सा बरस गया है वो ....
मेरे दूर जाने की बात सुनकर टूटकर बिखर गया है वो ....

26 जनवरी को नहीं जा पाया वापस । और फिर 31 जनवरी 2022 को दोनों मेरे पास थे नोएडा । यहाँ घर मैंने कराये पर ले लिया था । जम्मू के नये घर में ताला लगा है ।

लेकिन हम सब बहोत खुश थे क्यूकि हम तीनों साथ थे । एक दूसरे के साथ ।

ज़िंदगी फिर से वही अपनी रफ़्तार से चल रही है और सिखा रही है कि अगर कुछ कीमती है इस जीवन में तो वें है रिश्ते ...जी हाँ रिश्ते और प्यार .....

रफ़्तार-गति

जाने क्यूँ अक्सर

जाने क्यूँ अक्सर हमको ये गुमाँ होता है

तू है तो दुनिया है मुक्कमल मेरी

वरना इस जहां में किसका हर ख़्वाब पूरा होता है ॥

Jaane kyun aksar hamko ye gumaan hota hai

Tu hai to dunia hai mukkamal meri

warna is jahan mein kiska har khwab poora hota hai .

गुमाँ -अंदेशा   मुक्कमल-सम्पूर्ण

"तुम्हारा नाम" बुलबुल

एक दरख़्त था यादों का भीतर कहीं । कल आँधी आयी और टूटकर बिखर गया पत्ता-पत्ता ......

और फिर दूर तक सड़क पर हवा के झोंकें के संग दौड़ते सूखे पत्तों का रेला .....कानों से होकर दिल तक गुज़रता इनका शोर ,कभी रुकता कभी चलता ।

.......नहीं शोर नहीं ....गुनगुनाहट

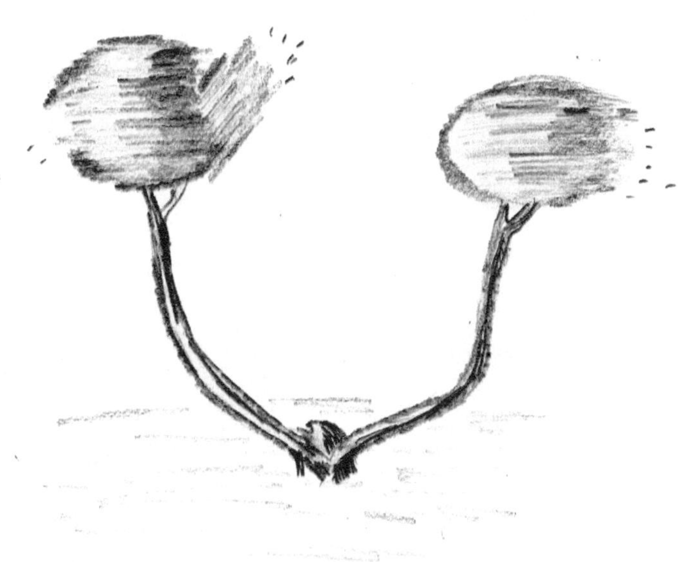

ये सब तुम्हारा ही तो नाम गुनगुनाते रहें और पुकारते रहे उन लम्हों को जो हमने साथ जीये थे कभी.......एक साथ

आज सुबह कुछ पत्ते ,कुछ ख़्वाब मैं फिर भी समेत लाया था ।

बाहर घर के आँगन में बैठा अपने चश्मे के मोटे से लेंस से झांकते हुए लगातार ताक रहा था इन्हें और मन ही मन मुस्करा रहा था ।

घर के भीतर से आवाज़ आई ....चाय पीयेंगे । आज कुछ नया नहीं लिख रहे है आप ? लगता है कुछ ख़ास है...... जो पढ़ रहे है ।

क्या ? पढ़ रहें है ?

ख़ामोशी की लहर सी आयी ---------------और फिर ------

मैंने मुस्कुराकर कहा ....

..............तुम्हारा नाम ''बुलबुल '' ....

दरख़्त-पुराना विशालकाय पेड़

वो पहली दफा

टिक- टिक करती घड़ी की सुईयाँ रात के 2 बजा रही थी ।

आँखों से नींद जैसे नदारद थी । या फिर यूँ कहूँ कि नींद अपने आगोश में लेने को तैयार खड़ी थी बगल में मेरे ....

रात के सन्नाटे को चीरता ,हवा का आवारा सा एक झोंका मेरे कमरे की खिड़की के पर्दे को उड़ा रहा था ।

उठती गिरती पलको की चिलमन खोली ,बाहर झाँका तो तारे आसमान में खिलखिला कर हँस रहे थे ।

सामने छत पर खड़ा चाँद मन्द मन्द मुस्कुराते हुए चाँदनी बिखेर रहा था ,जिसे चाहिये वो ले जाए।

रोशनी में सराबोर झूमते पेड़ों की डालियाँ और रात का अल्हड़पन......

तेरी खुशबू मेरे रोम-रोम को महका रही थी ....

वो पहली दफा था जब , मुझे तुमसे प्यार हुआ था ।

आज भी है और हमेशा रहेगा ....

***

पहली दफा-पहली बार   नदारद-गायब   आगोश-बाहों में

सराबोर-डूबे हुए

लव इज़ इन द रेन

कल शाम थोड़ा बादलो संग घटाये गिर आई । मैं घर की बालकनी में खड़ा प्रकृति की इस अद्भुत घटना को निहार रहा था ।

सामने पेड़ पर एक कोयल लगभग हर रोज कूकती है । मैं जवाब में इधर से नकल लगाता हूँ कूह करके तो तुरन्त जवाब आता है । आज लगातार कूक रही थी अपनी खुशी जाहिर करते हुए , आभार व्यक्त कर रही थी मेघों का ।

धीरे-धीरे बूँदा बाँदी के साथ ही तेज हवा मिट्टी की सोंधी-सोंधी खुशबू उड़ा लायी थी ।

खुशबू बिलकुल वैसी ही जैसी बरसो पहले थी ,वही ताजगी ....

सड़क पर चलते लोग इधर उधर दुबक गए थे जो बाकी बचे थे यहाँ वहाँ होकर बारिश से खुद को बचा रहे थे ।

मुझसे रहा नहीं गया और मैं दौड़कर बाहर हरे भरे पार्क में लगे बैंच पर आकर बैठ गया । उत्तर भारत में मई जून की गर्मी कुछ अपने अलग ही रंग में होती है । तापमान करीब 48 डिग्री के करीब पहुँच जाता है और ऐसे में बारिश की ठंडी-ठंडी फुहारे ....वाह ....कहना ही क्या ।

रोम-रोम प्रफुल्लित हो उठा ।

कुछ देर तक आसमान की ओर निहारता रहा । माथे पर तिरछी हथेली रखकर बारिश की बूँदों को आँखों में जाने से बचा रहा था । बारिश अब तक काफी तेज हो चुकी थी । मैंने आँखें बंद की और बैंच पर ही बैठा रहा ।

यकीन मानिए कुछ बातें कुछ अहसास आप केवल महसूस कर सकते है वह भी तब जब आपकी पलकें बंद हो ।

सिर पर गिरती ठंडी-ठंडी बरसात की बूँदें ,अपनापन बरसा रही थी ।

और इसमें मेरा तन और मन दोनों ही भीग गए थे । बेखुदी में आँखें बंद किए मैं धीरे धीरे फुसफुसाया । क्या तुम्हें याद है वो हमारा साथ-साथ घंटो बारिश में भीगना । दूर तक सड़को पर भीगते हुए घूमना । वो पहाड़ ,वो झरने ,वो नदियाँ ,वो रास्ते आज भी गवाह है हमारे उस प्रेम के जिसका इज़हार कभी ना मैंने किया ना तुमने ।

तेरे साथ होने का अहसास अब भी होता है, जब कभी मैं इस बारिश में भीग लेता हूँ

, सोंधी-सोंधी खुशबू मिट्टी की आती है तो लगता है तुम हो ।

तेज हवाएँ छूकर गुज़र जाती हैं तो अब भी लगता है मुझे कि जैसे तूने छुआ है मुझे ।

कितने ही मंदिर,गुरु द्वारे ,पीर पैगंबर हमने साथ देख डाले थे । इन सबको सोचता हूँ तो लगता है तुम यहीं कहीं हो ...बिलकुल पास ।

वक़्त की रेत पर केवल 18 वर्ष ही नहीं बीते बल्कि ज़िंदगी भी बीत गयी थी ।

बहुत खुशी और सुख चाहिए था मुझे अपने और तुम्हारे लिए ,इसलिए पैसा कमाने के सफर पर था दिन और रात। खरीद ली खुशियाँ ,जो कुछ नहीं खरीद सका तो वें चीजे उधार ले ली ,ज़िंदगी भर बैंक को चुकाने के लिये -घर ,गाड़ी ,टीवी ,फ्रीजर, नौकर-चाकर,स्टेटस

सोचता हूँ लेकिन इसमें खुशी है कहाँ ?

बारिश..........

हाँ यही चाहिये थी मुझे ,थोड़ी सी धूप ,थोड़ी सी जमीं और मेरे हिस्से का आसमां ,वो पंछी ,झरने,नदियाँ ,पहाड़ और हाँ "तुम" यही चाहिये था मुझे ।

इनमें से कुछ भी तो नहीं खरीद सकता मैं । अब मैं अमीर हूँ या गरीब ,फैसला नहीं कर पा रहा हूँ ।

ऊपर घर से आवाज़ आयी ,"संदीप ,कहाँ हो तुम ,कब से आवाज़ लगा रही हूँ "

अरे बारिश में भीग रहें है ,तबीयत ख़राब हो जाएगी आपकी ।

क्या एक टक मुझे ही देख रहें है ,सब ठीक तो है।

घबराकर मेरे पास पार्क में दौड़कर चली आयी थी वो और मेरा हाथ पकड़कर भीतर ले जाना चाहा । मैंने वहीं बैठा लिया बैंच पर ही ,बगल में मेरे पास ।

तुम्हें याद है हमारा वो बारिश में घंटो सड्को पर घूमना ,मैंने कहा और बातों का सिलसिला ऐसा चला कि ना बातें रुकी और ना यादें ।

एक दूसरे की ओर ही हम लगातार देखते रहे । बहुत समय से सूखे हुए आँसू फिर से आज बारिश की बूँदों के साथ बह निकले थे ।

आज मैं थोड़ा अमीर होने की कोशिश कर रहा था ,उन लम्हों को समेटकर जिन्हें मैं दौलत से नहीं खरीद सकता ....काश आज फिर कल जैसी बरसात हो ....

तेरा चेहरा - लव इज़ इन द रेन

तेरा चेहरा देखकर सुकूं आता है

तू ख़्वाब है शायद .....

मेरी आँखों में ठहर जाता है ।

या गज़ल है शायद .....तू किसी शायर की

अफ़साना ,मेरे लबो पर बार-बार आता है

तेरा चेहरा देखकर सुकूं आता है, तू ख़्वाब है शायद .....

मेरी आँखों में ठहर जाता है ।

बारिशें आयीं ,तेरा नाम लेकर

मुझको भीगा गई ,जैसे तू भीगाता है

तेरा चेहरा देखकर सुकूं आता है ,तू ख़्वाब है शायद .....

मेरी आँखों में ठहर जाता है ।

ऐ काश कहीं तू आए ,तेरी बातों से फिर खुशबू आये

सारा आलम महके ,जिस्म ओ जां महके

ऐसा ही होता है ना ,जब कोई मुहब्बत से गुज़र जाता है

तेरा चेहरा देखकर सुकूं आता है ,तू ख़्वाब है शायद .....

मेरी आँखों में ठहर जाता है ।

हुनर इतना ही है मेरा ,तुझे कलम से बयां कर सकता हूँ

ना इसके पहले कुछ ना इसके बाद कुछ 'अंजुमन' हमको आता है

तेरा चेहरा देखकर सुकूं आता है ,तू ख़्वाब है शायद .....

मेरी आँखों में ठहर जाता है ।

Section 3

ज़िन्दगी-तेरे सितम

जीऊँ कैसे

ज़िन्दगी बावस्ता है तेरे हर सितम से हम
तेरी मुखालिफ़त करूँ तो जीऊँ कैसे ...

Zindagi bavasta hain tere har sitam se hum

Teri mukhalifat karoon to jiyoon kaise ..

———

बावस्ता- जानकारी   सितम-जुल्म   मुखालिफ़त-विरुद्ध

सिखाती है हर कदम पर ज़िंदगी

सिखाती है हर कदम पर ज़िंदगी
हाँ सिखाने का अंदाज अलग है थोड़ा
गिराती है, ठोकरें लगाती है फिर सिखाती है ज़िंदगी

SIKHAATI HAI HAR KADAM PAR ZINDAGI

HAAN SIKHAANE KA ANDAAZ ALAG HAI THODA

GIRAATI HAI, THOKREIN LAGATI HAI, PHIR SIKHAATI HAI
ZINDAGI

अंदाज़ -तरीका

ये पंक्तियाँ मैंने अप्रैल 2020 में लिखी थी जब कोविड -19 अपने चरम पर था । हालात बेकाबू से थे । हर इंसान इतना डरा हुआ था कि शायद खुद पर भी शुबा करने लगा था । ऐतबार तो किसी पर क्या ही होगा ....कहने की जरूरत नहीं जाने क्या आफ़त आ पड़ी थी । किसी को घर तक में आने देना तो दूर सीधे मुँह बात तक करना भी गवारा नहीं रहा था

स्थान जम्मू,आज दिनांक 27,अप्रैल 2020 है । सारा बाज़ार बंद था सिर्फ सन्नाटा ही पसरा था हर तरफ...... सुबह के करीब 11.30 बजे , सिंह साहब दौड़ कर रेलवे स्टेशन से त्रिकुटा नगर जाने वाली सुनसान पड़ी सड़क पर आए थे घबराये से।

दूर से देखा तो रामदीन टूटी सी साइकल पर जिसके पहियों मेँ हवा तक न थी ,अपना सामान लादे उस पर अपने 2 छोटे छोटे मासूम बच्चो को **बैठाये पैदल चला जा रहा था ।नंगे पाँव ...**

पीछे-पीछे उसकी पत्नी और कुछ दूरी पर अन्य लोग भी पैदल ही जा रहे थे । । लगता था सब जल्दी ही भागकर सुरक्षित जगह पहुँच जाना चाहते थे ।

सुरक्षित जगह -अपने घर

करीब 1550 किलोमीटर दूर सीवान तक पैदल ...भूखे प्यासे ....

उसकी ऐसी हालत देख सिंह साहब ने उसे जाते हुए रोका तो नहीं ...... हिम्मत नहीं हुई आखिर घर में उनके अपने लोगो की सुरक्षा का भी तो सवाल था। लेकिन एक काम जो वह अच्छे से कर सकते थे कर दिया - फफक कर रो पड़े ।

बरसो से घर में बाबूजी की दवाई से लेकर माँ , बाजार
और बच्चों की खुशी की ज़िम्मेदारी का अकेला वारिस था वो ।उसकी
गोद मेँ खेलकर ही तो बड़े हुए थे दोनों बच्चे। घर वालों की सेवा में ना
दिन देखा ना रात उसने ।

लेकिन आज घर से पुरानी साइकिल चुराकर ले जाने की नौबत क्यूँ आ
गई .... हमने मदद की नहीं या मांग नहीं पाया वो मदद ।

एक अफ़सोस हमेशा के लिये रह गया है , सिंह साहब के परिवार के
मन में कि काश मैंने रामदीन की मदद की होती ....

आख़िर इतनी मजबूरी और भूख क्यूँ है, हमारे इर्द-गिर्द और भी कितने
ही रामदीन बस यूँ ही हमसे छूट गए । ये किताब लिखे जाने तक
रामदीन से कोई संपर्क नहीं हो पाया था ।

नंगे पाँव-ज़िंदगी की खातिर

वो नंगे पांव ही चल पड़ा है, ज़िंदगी की खातिर।

कल तक जो मेरा अपना था,

आज फिर क्यूँ पराया है वो आखिर ।

वो नंगे पांव ही चल पड़ा है, ज़िंदगी की खातिर।

दूर बहुत है, जाना उसको

मैं जानता हूँ ,यह रहगुज़र है, बड़ी मुश्किल।

वो नंगे पांव ही चल पड़ा है, ज़िंदगी की ख़ातिर।

इस शहर ने उसे ,उसने इस शहर को अपनाया था कभी।

आशियाँ, खुशियों का बसाया था कभी।

तूफ़ा के झोंके से सब थम गया है क्यों आखिर।

वो नंगे पांव ही चल पड़ा है, ज़िंदगी की खातिर।

क्यों मेरा वो गांव, मेरा घरोंदा।

फिर अपना सा, लगने लगा है आखिर।

छोड़ आया था ,जो कभी ,एक उम्मीद की खातिर।

वो नंगे पांव ही चल पड़ा है, ज़िंदगी की खातिर।

मुश्किल तो बहुत है यूँ चलने में लेकिन ।

मैं समझ गया हूँ, ये ज़िंदगी का खेल है ,बहुत ही शातिर।

वो नंगे पांव ही चल पड़ा है, ज़िंदगी की खातिर।

दर्द आंखों से, दिल का छलक़ने लगा है।

सिर ,हर दर पे झुकने लगा है।

कातिल की तरह देखता है ,हर शख्स मुझे क्यों आखिर।

वो नंगे पांव ही चल पड़ा है, ज़िंदगी की खातिर।

माफ करना ,कभी मांगा ही नहीं कुछ।

खुद्दारी ही मेरी है ,मेरा सब कुछ।

सीख जाऊंगा ,जल्दी ही मांगना भी, मेरे अपनों की खातिर।

वो नंगे पांव ही चल पड़ा है ,ज़िंदगी की खातिर।

आशियाँ नहीं है, काम नहीं है, खाना भी नहीं है।

बच्चे भूखे हैं, मेरी बात नहीं है।

थोड़ी सी मदद कर दो ना ......,इंसान हो आखिर ।

वो नंगे पांव ही चल पड़ा है, ज़िंदगी की खातिर।

दुआ है मेरी ,आंसमा तक पहुंचे सदा उसकी।

बरस जाए आसमां से ,नूर ऐ नवाजिश ।

ना मुफलिसी रहे, ना भूख रहे ,बस सुकु रहे बाकी।

वो नंगे पांव ही चल पड़ा है।

ज़िंदगी की खातिर ।

शुबा – शक   आफ़त -मुसीबत   आशियाँ – घर
रहगुज़र -रास्ता   मुफलिसी-गरीबी

शब-ए-इंतज़ार में

बदले हैं कितने रंग मौसम ने,बहार जाने के बाद

बैठा हूँ मैं भी शब-ए-इंतज़ार में ।

कभी तो मुस्कुरायेगी ज़िन्दगी,खिज़ा बीत जाने के बाद ॥

Badle hain kitne rang mausam ne, bhaar jaane ke baad

Baitha hoon main bhi shab-e-intezaar mein

Kabhi to muskurayegi zindagi, khizaan beet jaane ke baad...

शब-ए-इंतज़ार - इंतज़ार की रात   खिज़ा-पतझड़

तू खुद को तराश ले

ज़िंदगी की दुष्वारियाँ कम नहीं होंगी ।

बेहतर है तू खुद को तराश ले, संगेमरमर के बुत की तरह या शमशीर हो जा ॥

Zindagi ki dushwariyaan kam nahi hongi

Behtar hai tu khud ko taraash le sangemermer ke buth ki tarh ya shamsheer ho ja.

दुष्वारियाँ-परेशानियाँ ,मुश्किलें   बुत-मूर्ति

इन दिनों

दोपहर ढाई -तीन बजे का वक़्त रहा होगा ।मई 8, 2020 ,स्थान छन्नी हिम्मत कॉलोनी ,जम्मू (जम्मू -कश्मीर)

चारो ओर दूर दूर तक सन्नाटा था। बीच-बीच में, कभी कभार पुलिस और कभी एम्बुलेंस का सायरन सन्नाटे को चीरकर निकल जाता था । सड़क पर काँटेदार तारों की बाड़ लगी थी । आवाजाही बिलकुल बन्द । ज़्यादातर लोग घरों में ही दुबके थे ।

थोड़े बहोत लोग गली में भीतर ही चहल कदमी कर रहे थे । फ़र्स्ट फ्लोर पर ,घर के ड्राइंग रूम में बैठा खिड़की से बाहर शून्य में ताक रहा था मैं । घर के सामने पार्क था । हमेशा लोगो से भरा रहता था ,सुनसान था आज मगर...

अचानक एक धीमा सा शोर सुनाई दिया बाहर गली से । चलो चलो .... जाओ जाओ ...

। कुछ लोग घर के बगल में बन्द दुकान के सामने इकट्ठा थे । मैंने उत्सुकता वश बाहर बालकनी से आकर देखा तो सब लोग घेरे हुए थे , एक आदमी को । कपड़ो से बक्कर वाल (बकरी चराने वाला)लगता था । एक 3-4 साल की छोटी बच्ची का हाथ पकड़े हुए था,उसकी बेटी होगी शायद मैंने अंदेशा लगाया

अरे भई सुनो ज़रा , "मैं उस जाते हुए आदमी की ओर देखकर चिल्लाया "

जी क्या मैं ,दुकान के सामने खड़े लोगो में से एक ने कहा

नहीं तुम नहीं ,उसे बुलाओ इधर ,वो जो बच्ची का हाथ पकड़े है , मैंने कहा

अरे तुमको बुला रहे है ......

और मुझे ऊपर खड़ा देखकर वो 6 फूट का आदमी बच्ची के साथ नीचे गली में, घर के मेन गेट के सामने आकर रुक गया ।

अगले ही पल ,दोनों नज़रें ऊपर उठाकर मेरी ही ओर ताक रहे थे

रुको आता हूँ नीचे, मैंने हाथ से इशारा करते हुए कहा

और दौड़ गया ....

मास्क लगाया ,दरवाजा खोला

क्या हुआ मैंने पूछा ही था कि दुकान के सामने खड़े लोग चिल्ला उठे। अरे सर... चोर होते है ......झूठ बोलते हैं .....हाँ हाँ चोर होते हैं, साथ खड़े लोगों ने समर्थन भी किया इस बात का ....

अच्छा !तुम्हारा भी कुछ चुराया क्या इसने बन्द पड़ी दुकान से ...

मैंने अपना सवाल दोहराया , तुम्हारा भी कुछ चुराया क्या इसने ??????....

सवाल का जवाब तो नहीं आया लेकिन चुपचाप सब के सब खिसक लिए तुरंत वहाँ से .....

क्या हुआ ,कोई परेशानी है ।मुझे बताओ .... मैंने विनम्रता से पूछा

कल ,घर पर कह आया था ,चूल्हा जलाकर रक्खो तुम ! मैं अभी कुछ पकाने को लेकर आता हूँ ......कुछ भी नहीं था खाने को ।

शब्बो भी मेरे पीछे-पीछे चली आयी ,तीनों बच्चों में सबसे छोटी है ना .....भूख कम ही बर्दाश्त कर पाती है।

7 लोग है घर पर । बस एक सांस में ,इतना ही कहा उसने ,धीरे -धीरे और चुप हो गया ।

मैंने छोटी सी गुड़िया की ओर देखा तो उसके पीछे दुबक गई थी और अपनी गर्दन घूमा कर गोल-गोल आँखों से टुकुर-टुकुर मुझे देख रही थी। चेहरा सूख गया था थकान और प्यास से ।

मेरी सब बातों के जवाब दिखे थे मुझे उन उदास आँखों में.......

कई सवाल थे मन में मेरे मगर ,मैंने नहीं पूछा ,हिम्मत नहीं हुई "रात बाहर कहाँ रहे ,पैदल चले आए हो । कल से घर नहीं गए । घर के सब लोग राह तकते होंगे ।

मेरे ज़हन में बस एक ही तस्वीर उभर आई थी, खाली चूल्हे के चारों तरफ बैठे हुए लोग ,भूख से बेहाल ......टकटकी लगाए कभी चूल्हे को देखते होंगे और कभी लौटकर आने वाले की राह तकते होंगे ।

कल! इतना ही निकला मेरे मुँह से , उसकी बात के जवाब में।

मैं चुपचाप भीतर गया । आटे का बैग उठाया और उसके सामने कर दिया ।

झटके से पकड़ा उसने । एक मुस्कान दौड़ गयी उसके होंठों पर । उसी क्षण तेजी से चल पड़ा । बिना एक भी सेकंड गवाए चल पड़ा, बगल में आटे का बैग दबाकर ।

जाते-जाते कुछ भी नहीं कहा उसने ।

मैं उसे जाते हुए देख रहा था पीछे से । वो आगे-आगे तेजी से चला जा रहा था और पीछे-पीछे उसकी बेटी दौड़कर उसके कम से कदम मिलाने की कोशिश कर रही थीं ।

जाते-जाते आखिरी बार सामने ,गली के मोड पर वो मासूम सी बच्ची, एक पल को रुकी, पीछे मुड़ी, मेरी और देखा ,मुस्कुराई ,अपना हाथ हवा में लहराया और दौड़ गई।

आँखें भर आयी थी मेरी , कुछ आँसू छलक कर बाहर आने की कोशिश में थे , मैंने हाथ से रोक दिया वहीं ......

गर्दन उठाकर ऊपर देखा तो बुलबुल मुझे देखकर मुस्कुरा रही थी ।एक हल्की सी मुस्कुराहट मेरे होठों पर भी बिखर आई थी ।

इन दिनों

इन दिनों हालात कुछ, नागवार गुजरे हैं।

बंद कमरे में मेरे दिन गुजरे हैं, रात गुजरे हैं।

जाने कौन सा मौसम आया।

हर तरफ शोर है, ख़ामोशी हद से गुजरे हैं।

इन दिनों हालात कुछ नागवार गुजरे हैं।

बंद कमरे में मेरे दिन गुजरे हैं, रात गुजरे हैं।

सर्द है सर्दी है, गर्म है गर्मी है।

फूल है खुशबू है, बादल है, बारिश है।

अपनी इस उम्र में इतना ही ,हम समझे हैं।

इन दिनों हालात कुछ, नागवार गुजरे हैं।

बंद कमरे में मेरे दिन गुजरे हैं रात गुजरे हैं।

सदियां गुजरी ऐसा मंजर नहीं आया।

मौजों से घिरा ,समुंदर नहीं आया।

बैठा हूँ किनारे पे ,मौजों के धारे पे ।

सब आज यही ठहरे हैं।

इन दिनों हालात कुछ नागवार गुजरे हैं।

तन्हा हूँ , मायूस नहीं हूँ।

तेरा सहारा बाकी है।

फिर भी जाने क्यूँ "बुलबुल" कहते हुए हम डरते हैं।

इन दिनों हालात कुछ नागवार गुजरे हैं ।

सख्त पहरो में मेरे।

बंद कमरे में मेरे, दिन गुजरे हैं ,रात गुजरे हैं।

कुछ मुस्कुराहटें मेरी

कुछ मुस्कुराहटें मेरी उधार थी तुम पर ...
लौटा दो ना ,थोड़ा उदास हूँ आज ...

KUCH MUSKURAAHTEIN MERI UDHAAR THI
TUM PAR

LAUTA DO NA, THODA UDAAS HOON AAJ...

उदास-दुखी

ज़िंदगी-एक सवाल

और आप यकीं जानिए ये ज़िंदगी की

मुश्किलात हरगिज यूँ कम नहीं होने वाली.....

आप हल करेंगे तो हल होंगी क्यूकि

ज़वाब है .....

ज़वाब है हौसला ....

वरना हर कदम एक नया सवाल है

"ज़िंदगी"

AUR AAP YAKIN JANIYE YE ZINDAGI KI

MUSHKILAT HARGIS YOON KAM NAHI HONE WALI...

AAP HAL KARENGE TO HAL HONGI KYUKI

JAWAAB HAI

JAWAAB HAI HAUSLA

WARNA HAR KADAM EK NAYA SAWAL HAI

ZINDAGI

मुश्किलात-परेशानियाँ   हरगिज़ -किसी हाल में नहीं

Section 4

शुक्रिया तो कहिये

पनाहों में तेरी

मुझे ज़िंदगी से कोई शिकवा नहीं
पनाहों में तेरी, मेरे ख़ुदा, मैं रहा उम्र भर

जो कुछ दिया ,सब तूने दिया
मैंने कहा ना कभी
मैंने कहा ना कभी मेरे ख़ुदा, मगर तू समझता रहा उम्रभर
पनाहों में तेरी, मेरे ख़ुदा मैं रहा उम्र भर

तेरी रहमतों का साया है मुझ पर

मैं गिरता रहा ...

मैं गिरता रहा मेरे ख़ुदा ,तू उठाता रहा उम्र भर

पनाहों में तेरी , मेरे ख़ुदा मैं रहा उम्र भर

मैं हार जाऊँ क्यूँ रास्तों से

मुश्किलों में मेरी

मुश्किलों में मेरी मेरे ख़ुदा, तू साथ चलता रहा उम्रभर

पनाहों में तेरी , मेरे ख़ुदा मैं रहा उम्र भर

तुझको समर्पित मेरा ये जीवन

मंजिल का पता

मंजिल का पता मेरे ख़ुदा ,तू ही रहा उम्रभर

पनाहों में तेरी, मेरे ख़ुदा मैं रहा उम्र भर

***

पनाह-शरण में   रहमत- ईश्वर की कृपा   समर्पित-अर्पित

सर को झुका लेते हैं

वाकिफ़ हैं, तेरे मिज़ाज से हम ज़िन्दगी ।
जब ज़रा कदम बढ़ाते हैं ,सर को झुका लेते हैं॥

WAAKIF HAIN TERE MIZAAJ SE HUM ZINDAGI

JAB ZARA KADAM BADHATE HAIN, SAR KO JHUKA LETE

HAIN

____

वाकिफ़-जानना   मिज़ाज-मनोदशा

मेरे मालिक-तू मुझे अपना बताता है

साइन्स ने बहोत तरक्की कर ली है आज । कहते हैं धरती, सूरज का टुकड़ा है जो करोड़ो साल पहले टूटकर अलग हो गया । ठंडा हुआ तो धरती का वो रूप ले लिया जो आज है ,ऐसा ही पढ़ा है मैंने और शायद आप सबने भी । मगर एक बात है जो मेरे गले नहीं उतरती वो ये कि ये बाकी अनगिनत तारे -सितारे जो आसमान में लटके है बिना किसी डोर के ... ये सब कहाँ से आए ।

कोई तो है जो इस सारे सिस्टम को चलाता है । कोई तो है जो अपनी मुट्ठी में चाँद-सूरज और सारी कायनात को छिपाये हुए है ।

कोई तो है जो इन पंछियों को उड़ना सिखाता है । हवा ,नदियाँ, पेड़, मौसम और हमारी साँसे चलाता है ।

कोई तो है जो आपको और मुझे रास्ता दिखाता है ,संभाले हुए है हमें, हर कदम पर ।कोई तो है जिससे दिन और रात हम अपनी माँगें मनवाते रहते है और बस माँगते रहते है ...माँगते ही रहते है उम्र भर, बिना किसी संकोच के ...बिना किसी हिचकिचाहट के ....

खुशियाँ!

हाँ इतना जरूर है ,आपकी खुशियों के मायने, मेरी खुशियों के मायने से अलग हो सकते है

रेस के मैदान में दौड़ते हुए जीत के नजदीक खिलाड़ी के लिए खुशी के मायने ,परीक्षा कक्ष में बैठे विद्यार्थी के लिए खुशी के मायने ,अस्पताल के बेड पर लेटे मरीज़ के लिए ख़ुशी के मायने ,एक भूखे पेट बैठे परिवार के लिए ख़ुशी के मायने,एक किसान के लिए ख़ुशी के मायने ,एक व्यवसायी के लिए ख़ुशी के मायने ,एक माँ, पत्नी ,बहन के लिए

ख़ुशी के मायने ,एक पिता,भाई और बेटे के लिए ख़ुशी के मायने ,एक डॉक्टर ,एक इंजीनियर ,एक सिपाही के लिए ख़ुशी के मायने ,एक पंछी के लिए ख़ुशी के मायने सब जुदा हैं एक दूसरे से ।

पिछली बार शुक्रिया कब कहा था आपने, उस दो जहां के मालिक से ....

....वैसे ये मेरी जाती राय है किसी के दिल को ठेस पहुँचाना मेरा मक़सद कतई नहीं है ।

एक प्रार्थना है जो मैं हमेशा याद रखता हूँ

ऐ दो जहां के मालिक मैं शुक्र गुज़ार हूँ तेरा । तूने मुझे ये ख़ूबसूरत ज़िन्दगी दी है । मैं शुक्र गुज़ार हूँ तूने मुझे इतनी बुद्धि दी है कि मैं तेरा अहसान समझ सकूँ । तूने मुझे इतनी सहनशीलता दी है कि मैं उन सब परिस्थितियों को सहन कर सकूँ जिन्हें मैं बदल नहीं सकता ।

और जिन परिस्थितियों को मैं बदल सकता हूँ,बदल दूँ - इतना साहस भी दिया है तूने मुझे ।

तू ही है मेरे मालिक जो हर कदम पर मुझे रास्ता दिखाता है ।

मेरे मालिक-तू मुझे अपना बताता है

तेरा इतना सा करम काफ़ी है ,मेरे मालिक मुझ पर

तू मुझे अपना बताता है मेरे मालिक, हँसकर

तेरा नाम लिया मैंने ,फ़िज़ाएँ महकी

ख़्वाब महके, सदायें महकी

तेरा इतना इशारा काफी है, मेरे रहबर

तेरा इतना सा करम काफ़ी है ,मेरे मालिक मुझ पर

तू मुझे अपना बताता है मेरे मालिक, हँसकर

जब कभी फिसला पाँव मेरा

तूने थाम लिया

तूने थाम लिया, मेरे मालिक आगे बढ़कर

तेरा इतना सा करम काफ़ी है, मेरे मालिक मुझ पर

तू मुझे अपना बताता है, मेरे मालिक हँसकर

जब कभी मायूस हुआ हूँ ,राहें तककर

जब कभी बहक गया मैं अक्सर

तूने ही संभाला है मुझको, आगे बढ़कर

तेरा इतना सा करम काफ़ी है ,मेरे मालिक मुझ पर

तू मुझे अपना बताता है मेरे मालिक, हँसकर

तेरे कहने का अंदाज़ पसन्द है मुझे

ये सागर,ये झरनें ,ये हवाएँ और पंछी पसन्द है मुझे

इस कायनात की कारीगरी पसन्द है मुझे ,तेरा ही करम है सब पर

तेरा इतना सा करम काफ़ी है ,मेरे मालिक मुझ पर

तू मुझे अपना बताता है मेरे मालिक, हँसकर

* * *

फिज़ाएँ -बहार   रहबर- नायक   करम- मेहरबानी   मालिक-भगवान ,ख़ुदा

अंदाज़- तरीका

देखना महकेगी खुशबू

ये सदाकत ताउम्र कायम रखना

देखना...

महकेगी खुशबू इसकी, ज़िंदगी के बाद भी ...

YE SADAAKAT TA UMAR KAAYAM RAKHNA

DEKHNA

MEHKEGI KHUSHBOO ISKI ZINDAGI KE BAAD BHI ....

सदाकत-सच्चाई   ताउम्र-उम्र भर

Section 5

मैं हूँ ना-ज़िंदगी

चराग बन के जला हूँ

चराग बन के जला हूँ तमाम उम्र ,कभी इबादत कभी रोशनी के लिए ...

आया नहीं मुझको अब तलक, रोशन अपना 'मकां' कर देना ॥

CHARAG BAN KE JALA HOON TAMAAM UMAR , KABHI IBAADAT KABHI ROSHNI KE LIYE

AAYA NAHI MUJHKO AB TALAK ROSHAN APNA MAKAAN KAR DENA

तमाम-पूरा

तेरे सारे ख़त

हर एक हर्फ़ ज़बानी याद है मुझे ।
तेरे सारे ख़त अब तलक 'बाहिफ़ाजत' संभाले है मैंने ॥

HAR EK HARF ZABANI YAAD HAI MUJHE

TERE SAARE KHAT AB TALAK BAHIFAZAT

SAMBHALE HAIN MAINE

हर्फ़-अक्षर   ज़बानी-कंठस्थ   बाहिफ़ाजत-बहुत सुरक्षित

****वो ख़त.....जो मेरे नाम आया ****

बात सितंबर 1996 की है जब ,मैं कॉलेज में था और आर्मी एटेचमेंट कैंप में अपनी एनसीसी ट्रेनिंग के दौरान , मेरी मुलाक़ात हुई , जे सी ओ जसराज सिंह से । हमारे ट्रेनिंग इंस्ट्रक्टर थे । बहुत ही सखत किस्म के ।

आगे की पंक्तियाँ मेरी डाइरी से – दिनाँक 12 सितंबर 1996 स्थान -आर्मी बेस कैंप,शहर से दूर कहीं xxxxxx

आज कैंप का तीसरा दिन है

करीब 12:30 बजे ड्रिल खत्म हो गई है । सब केडेट्स अपने-अपने बैरक की तरफ आगे बढ़ रहे है ।

बड़ा सा मैदान दूर दूर तक खाली दिखाई दे रहा है । धूप सिर पर है ।ठंडी ठंडी हवा मधुर शोर करते हुए कानो से टकराकर गुज़र रही है ।अचानक देखा कि जेसीओ जसराज सिंह सर दूर.. आम के पेड़ के नीचे कोने में बैठे है ,बड़ी ही तन्मयता से कुछ... देख रहे है ।

रहा नहीं गया और मैं पास जा पहुंचा । आखिर सब लोग अपने परिवार की तरह ही महसूस होने लगे है ।

मैंने देखा कि वह जमीन पर हरी घास पर बैठे हुए हैं ,अपनी जेब से पर्स निकालकर गोद में रखा हुआ है। हाथ में एक पुराना सा हल्के नीले रंग का अंतर्देशीय पत्र है और लगातार वह उसी को देखे जा रहे हैं।

उनके पास पहुँचा, सैलूट किया। उन्होंने हाथ उठाकर बैठने का इशारा किया तो मैं वहीं बैठ गया । नीचे घास पर ।

उनकी आँखों में नमी देखकर, मैंने खत की और इशारा करके पूछा," "सर ये क्या है?"

सहारा है.....। जो मुझे कभी अकेला नहीं रहने देता, मैं कहीं भी हूँ, मैं कभी अकेला नहीं ।

यकीन मानो इस पत्र ने मुझे कभी अकेलापन महसूस होने नहीं दिया, मेरे साथ हमेशा एक सहारा बन कर रहा है।

ये चिट्ठी, मेरे गाँव की मिट्टी की खुशबू लेकर आयी है । मेरे परिवार की राजी खुशी लेकर आयी है ।

बार्डर हो या जंग ,जब भी मुझे घर की याद आती है मैं इस ख़त को निकाल कर देख लेता हूँ ..... तुम्हें पता है इसे छूकर ,चेहरे से लगाकर मुझे लगता है कि मेरा परिवार मेरे पास पहुँच गया हैं । इसमे मैं महसूस करता हूँ मेरे बच्चों को । मैं महसूस करता हूँ मेरे माता-पिता को, मैं महसूस करता हूँ मेरी पत्नी को और मेरे सारे दोस्तों को ।

ये ख़त सिर्फ कागज का एक टुकड़ा नहीं है, बल्कि मेरे दिल का टुकड़ा है ।
इसे पाकर मुझे लगता है कि मुझे ज़िंदगी की सारी खुशियां मिल गई है।

उनकी बातें जैसे जादू है , लगातार सुनना और अपने जहन में महसूस करने की कोशिश करना बहुत ही रोमांचक क्षण है कि देश का एक सिपाही क्या महसूस करता है जब वह अपनी ड्यूटी पर होता है या फिर जंग के मैदान में।

घर से दूर वह क्या महसूस करता है। ये वो सिपाही है जिसे न रात का अंधेरा सताता है और न ही अपनों की याद ।

ये वो सिपाही है जिसे न सर्दी लगती है और न ही गर्मी । न भूख न प्यास, न बरसात से डरता है और न ही गोलियों की बौछार से । बस डटा है देश सेवा में ताकि मेरा देश सुरक्षित रहें ,देशवासी सुरक्षित रहें ।

आँखों से आँसू बहकर भीतर ही कहीं गुम हो रहे है ।

जसराज सर कहते ही जा रहे है ," अगले 10 दिनों में तुम्हारा कैंप खत्म हो जाएगा , मुझे वापस अपनी ड्यूटी ज्वाइन करनी है

और फिर... 1 हफ्ते के बाद मैं घर जा रहा हूँ

4 साल के बाद घर......मैं बहुत खुश हूँ , मेरा परिवार मुझसे मिलकर बहुत खुश होगा अब एक-एक दिन गिनता हूँ और सोचता हूँ कि कब मैं अपने घर, अपने परिवार से मिलूंगा। ... अपने सभी दोस्तों से मिलूंगा बस जल्दी से ये दिन बीत जाए "

" घर में और कौन कौन है सर ,"मैंने उत्सुकता से भावुक होकर पूछा

"मेरा बेटा, छोटी बिटिया जिसे हम प्यार से गुड़िया कहते हैं, मुझे देखकर बहुत..... खुश होगी ,मेरी पत्नी ने लिखा है मुझे, **गुड़िया के लिए एक छोटी सुनहरे बालो वाली गुड़िया लेते आना।** बड़ी हो गई है अब । यही मेले से खरीदी है कल ही ...

मैंने पूछा ,"4 साल हो गए, आपको अपने परिवार की याद नहीं आती"

हाँ , आती है ना ...,आती है....

ये है न मेरा परिवार ,कहकर उन्होंने पत्र की तरफ इशारा कर दिया ।

जानते हो मेरी धर्मपत्नी किस तरह मेरे घर में न रहने पर सारे परिवार को संभालती हैं और मुझे याद करती है । अंतर्देशीय पत्र की तरफ इशारा करके बोले," ये जो इस पर पानी की बूंदों के जैसे निशान देख रहे हो ना ,जानते हो......?

आँसू है।

किसके ?

"जिसने पत्र लिखा है, उसके और किसके, बुद्

"मेरी पत्नी के......, मुझे पत्र लिखते हुए अपने आँसू रोक नहीं पाई होंगी ।देखो अक्षर भी कुछ धुल से गए है आँसुओ से । कैसे लिखा होगा ये ख़त ... मैं समझ सकता हूँ ।मेरे माता-पिता और पूरे गांव को मुझ पर गर्व है, देश का रक्षक हूँ मैं " जसराज सर ने भारी आवाज में कहा

जसराज सर (अपने आंसू छुपाते हुए)," मैं एक सिपाही हूँ और सिपाही हमेशा देश के बारे में सोचता है । मेरा देश भी मेरा परिवार है और आखिर तुम सब भी तो मेरा ही परिवार हो"

जसराज सर बोलते गए ...बहुत कुछ ... और सुनता गया मैं ।

उनकी बातें सुनकर सीना गर्व और श्रद्धा से भर गया है "आज मेरे देश के सिपाही के प्यार,बलिदान और देश प्रेम को देखकर नतमस्तक होने को दिल करता है ।

उन्होंने वह पत्र सँभाल कर वापस अपने बटुए में रख लिया

बंद पलको ने बहुत कोशिश की रोकने की लेकिन पता नहीं क्यूँ

कभी-कभी ये आँसू रोक पाना थोड़ा कठिन हो जाता है ....बिना कुछ कहे खुद ही बह जाते है बस ...बह गए आज भी ... अविरल ...

हर कहानी का अन्त एक हैप्पी एंडिंग हो जरूरी नहीं ।

छुट्टी जाने से एक रात पहले ही आतंकवादियों से लोहा लेते हुए ड्यूटी पर शहीद .....हो गए

पैरों तले से जमीन खिसक गयी थी मेरे ये बात सुनकर ....

गाँव का मिट्टी का घर बरसात में टपकता है ,माँ से कहा है इस बार जब छुट्टी आऊँगा , पक्का कमरा बनवा दूंगा

गाँव की फसल सूख गयी है । पिछली बार ,कह आया था अबकी बार आऊँगा तो ट्यूब वेल लगवा दूंगा ।

और उनके दोनों बच्चे । अपनी बेटी गुड़िया के लिए सुनहरे बालो वाली गुड़िया लाने वाले थे ।

अपनी पत्नी के लिए नयी चूड़िया ले जाने वाले थे ,कैंप के पास मेले से ही खरीदी थी हरे और लाल रंग की , मुझे बताया था उन्होंने ।

अब तक की ज़िंदगी में बिना पापा की मार पड़े दूसरी बार रोना आया था मुझे ।

आज भी इन पंक्तियो को पढ़ता हूँ तो दिल और दिमाग जैसे सुन्न हो जाते है ...लगता है वक़्त, जैसे ठहर सा गया हो ...

कितनी आसानी से कह दिया मैंने भी शहीद! ....मगर उसके बाद क्या ...उसके परिवार का क्या ....उसके माता- पिता , बच्चों और पत्नी का क्या ....और उन सपनों का क्या जो कभी उनकी आँखों ने मिलकर देखें होंगे एक साथ ...

ये पंक्तियाँ, ये अल्फ़ाज़,ये नज़्म ..... सिर्फ स्याही के चंद कतरे या कागज़ के कुछ पन्ने नहीं है बल्कि सरमाया है एक देशभक्त के जीवन का जो अपनी जान कुर्बान कर गया सिर्फ इसलिए ताकि हम और आप चैन से सो सके...... और हमारा मुल्क आबाद रह सके ।

अपनी डायरी निकाली मैंने और दे दिये अल्फ़ाज़ ,जज़्बातों को।

लिख दिया ,जो दिल में आया । वो सब कुछ जो जसराज साब ने बताया था ......

"वो खत जो मेरे नाम आया "

खुशी का कोई पयाम लाया" ....

हालाँकि अब वो ख़तो का ज़माना नहीं रहा ,मोबाइल फोन ने इनकी जगह ले ली है । लेकिन जज़्बात तो आज भी वहीं हैं ना ....मेरे भी और आपके भी ।

, जसराज साब ने मुझे जो भी कुछ बताया इस बात का राजदार आज तक सिर्फ मैं था

और आज से आप सब .... भी हैं ।

(गोपनीयता को ध्यान में रखते हुए नाम ,स्थान बदल दिये है मैंने... लेकिन दिल में प्यार और सम्मान आज भी वही है)

*वो ख़त.....जो मेरे नाम आया *

खुशी का कोई पयाम लाया।
वो ख़त जो मेरे नाम आया ।।

गिनता हूँ हसरतों से, दिल के हजार किस्से।
इन हसरतों से लम्हा, हमने भी इक चुराया।
खुशी का कोई पयाम लाया, वो ख़त जो मेरे नाम आया ।

दुनिया की भीड़ में हम, जब भी थे अकेले
ये ख़त ही था सहारा, ये ख़त ही काम आया।
खुशी का कोई पयाम लाया, वो ख़त जो मेरे नाम आया।

मेरा गाँव, मेरी मिट्टी, मेरा बचपन ,मेरे साथी।
माँ की वो लोरी ,बाबा का चेहरा ।
आम की डाली ,बरगद की छाया ।
मेरी तो दुनिया ही साथ लाया।
खुशी का कोई पयाम लाया, वो ख़त जो मेरे नाम आया

मैंने भी लिक्खा, बहुत कुछ उनको।
यूँ तो मैं खुश हूँ , बस इक शिकायत है मुझको।
ख़त का हर अक्षर, यूँ बह गया था ,
आँसुओ का जैसे सैलाब आया।
खुशी का कोई पयाम लाया, वो ख़त जो मेरे नाम आया।

मेरी वो दुनिया, मेरी इबादत

है याद मुझको, वो मेरी मुहब्बत।

ये सिर झुक गया है, सजदे में खुद ही।

जुबां पर ज़रा, जब उनका नाम आया।

खुशी का कोई पयाम लाया, वो ख़त जो मेरे नाम आया

बच्चों से कहना, मैं आ रहा हूँ, गुड़िया की गुड़िया भी ला रहा हूँ।

तुम प्यार देना मेरा सबको ऐसे,

जैसे मैं खुद ही हूँ लौट आया।

खुशी का कोई पयाम लाया,

वो ख़त जो मेरे नाम आया।

इक बात दिल में है, मैं लिख रहा हूँ।

भूला नहीं, बस बता रहा हूँ।

मिट्टी का कर्ज चुका रहा हूँ।

ना होना खफ़ा, जो ना लौट पाया।

ख़त ही समझना, मैं **लौट** आया।

खुशी का कोई, पयाम लाया, वो ख़त जो मेरे नाम आया।

वो ख़त जो मेरे, नाम आया।

पयाम-संदेश   लोरी-बच्चे को सुलाने के लिए गीत गुनगुनाना

ख़त -पत्र   सरमाया-उम्र भर का हासिल

✳सितारों में लिखा है✳

अपनी मर्जी कहाँ चलती है
सितारों में लिखा है ,अपनी किस्मत का फ़साना

APNI MARZI, KAHAAN CHALTI HAI

SITARON MEIN LIKHA HAI, APNI KISMAT KA FASAANA

वक़्त लिखता रहा

वक़्त लिखता रहा कहानी मेरी ...
और मैंने भी दिल से लगाकर तस्वीर तेरी
''ज़िन्दगी'' गुज़ार दी ॥

WAKT LIKHTA RAHA KAHANI MERI AUR
MAINE BHI DIL SE LAGAKAR TASVEER TERI
''ZINDAGI'' GUZAAR DI

वक़्त-समय   ज़िन्दगी-जीवन

तुम क्या गये

तुम क्या गये ।
शहर तन्हा कर गये ॥

हर रोज ,हमें देख मुस्कुराने की शर्त थी ,तुम्हारी ।
मगर आज तुम ,ये क्या कर गये ।
तुम क्या गए, शहर तन्हा कर गये ॥

ये शहर सारा ,तुझको ढूँढता है ,किस कदर ।
जाते-जाते कांश तुम कहीं ,
आ जाते अगर ,हर शय मौजूद है वही ।
तुम जहाँ छोड़ गये।
तुम क्या गए ,शहर तन्हा कर गये ॥

ये दिल सूना-सूना क्यूँ है
हर सूं तेरी यादें क्यूँ हैं ,आकर देख ज़रा
टूटे आईने की तरह हम बिखरे , सब ख़्वाब बिखर गये ।
तुम क्या गए, शहर तन्हा कर गये ॥

हर आइना ,अब मिलने की ख्वाहिश करता है।
हमसे मिलता है और तुम्हारी बात करता है।
मगर तुम बिछड़ गए, अपने वादे से मुकर गये।
तुम क्या गए ,शहर तन्हा कर गये ॥

कांश ! तुमने इस शहर को अपना समझा होता ।
यकीनन, कोई हल हमने निकाला होता।
मगर बात का ,अब फायदा नहीं ।
लौट आने को तो , तुम गए नहीं ।

तुम क्या गए शहर तन्हा कर गये।
तुम क्या गए शहर तन्हा कर गये ॥

हर सूं-हर ओर   तन्हा-अकेला

तेरे लिये मैं मेरे लिए तू

हर एक कदम ओ हमसफ़र
तुझे याद करके, चल रहे हैं

गुज़रा था तू कभी जिस राह से
उन्ही रास्तों से गुज़र रहे हैं

जीना ना आया ,हमें बिन तेरे
मगर देख तू, हम जी रहे हैं

तेरे लिये मैं ... मेरे लिए तू ,तूने कहा था
हमें याद है , कैसे भूल गया तू

अच्छा है फिर मिलेंगें वहीं, दूर आसमां में कहीं
चाँद तारे जहाँ मिल रहें हैं

लौट कर आया वो फिर

लौट कर आया वो फिर
मेरे कूचे से उड़ जाने के बाद
शायद उस परिंदे का भी, जहां में मेरे सिवा कोई न था

LAUT KAR AAYA WO PHIR

MERE KOOCHE SE UDH JAANE KE BAAD

SHAYAD US PARINDE KA BHI JAHAAN MEIN MERE
SIWA KOI NA THA

कूचे-आँगन   परिंदे-पंछी

Section 6

बड़ा सा क्यूँ - एक सवाल

मेरे बचपन में

छोटी चिड़ियों का एक झुंड अक्सर मेरे घर की दीवार पर सुबह सवेरे बैठकर चहचहाता रहता । कई बार सुबह नींद खुलती तो इस चहचहाहट के साथ ही ।

पसन्द था मुझे, मेरे बचपन में ।

और वो बयां जिसका घोंसला था, मेरे घर के आँगन में आम के पेड़ पर ।

अपनी चोंच में दाना ला-लाकर अपने छोटे छोटे बच्चो को खिलाती और फिर से फुर्र .....

एक बार एक छोटा बच्चा उठा लाया था मैं उसका ....घोसले से ....

माँ ने समझाया फिर वापिस रख आया था ....

अब अक्सर ऐसा होता था ।

पसन्द था मुझे, मेरे बचपन में .....

वो घंटो खुले आसमां तले उड़ते पंछियों को ताकना और दूर तक नीले आकाश की गहराईयों में डूब जाना या फिर रात की चादर ओढ़े आसमां में टिमटिमाते अनगिनत तारों की गिनती करना और बातें करना जैसे अपने ही कोई साथी हो ।

पसन्द था मुझे ....मेरे बचपन में

हाथी ,घोड़े ,ऊँट,घर ,गाड़ी ,महल और न जाने क्या-क्या नहीं बना डाले थे मैंने उड़ते बादलों में ...

सावन की वो पहली बरसात हो या आखिरी ,बारिश में भीगना

पसन्द था मुझे .....मेरे बचपन में

अपनी कापी के ठीक बीच के पन्ने फाड़कर हवाई जहाज बनाकर उड़ाना और बारिश में कागज की नाव बनाकर चलाना ....फिर देखते रहना ,तब तलक जब तक वो आँखों से ओझल ना हो जायें ...

पसन्द था मुझे ....मेरे बचपन में

वो दोस्तो के साथ लुका छिपी खेलना । थोड़ा लड़ना झगड़ना ,नाराज़ होना ...फिर मान जाना ।

पसन्द था मुझे .....मेरे बचपन में

वो स्कूल में गर्मियों की छुट्टियाँ ,बस का सफर ,रेलगाड़ी की सीटी ,इंजिन का धुआँ,प्लेटफार्म की दौड़ ,चाय की खुशबू ,गाँव की मिट्टी अपनों का साथ

पसन्द था मुझे ...मेरे बचपन में

थोड़ी सी शरारतें ,थोड़ा सा नटखटपन

पापा की थोड़ी सी डांट ,माँ का थोड़ा सा दुलार ...

पसन्द था मुझे ...मेरे बचपन में ....

अब ना बचपन है

और

ना मैं हूँ ...

सिर्फ ....

सिर्फ यादें हैं ।

यादों को सहेजना ...पसन्द था मुझे ....मेरे बचपन में

हो सके तो **लौटा दो** ना ....

यादों को सहेजना ...पसन्द था मुझे ....मेरे बचपन में

बयां -भूरे रंग की छोटी चिड़िया   सहेजना-बहुत सावधानी के साथ संभालना

वो तस्वीर अलग थी

अच्छी नहीं लगती अब
तस्वीर ये मेरी मुझको
वो तस्वीर अलग थी
मेरे बचपन की

Acchi nahi lagti ab
Tasveer ye meri mujhko
Wo tasveer alag thi
Mere bachpan ki

आम इन्सान - तुम्हारी भी ज़िंदगानी है ये

सुना है सबसे मिलना छोड़ दिया है उसने ।

खुशी की तलाश में सुबह से रात ,फिर रात से सुबह तक दौड़ना सीख लिया है उसने।

ज़िंदगी है.................. ज़नाब

ज़िंदगी का बोझ सँभाल लिया है उसने

हर आम से दिखने वाले आम इन्सान की कहानी है ये

सिर्फ मेरी नहीं, तुम्हारी भी ज़िंदगानी है ये ....

SUNA HAI SABSE MILNA CHODH DIYA HAI USNE

KHUSHI KI TALAASH MEIN SUBAH SE RAAT, PHIR RAAT SE SUBAH TAK DAUDNA SEEKH LIYA HAI USNE

ZINDAGI HAI JANAAB

ZINDAGI KA BOJH SAMBHAAL LIYA HAI USNE

HAR AAM SE DIKHNE WAALE AAM INSAAN KI KAHANI HAI YE

SIRF MERI NAHI TUMHAARI BHI ZINDGANI HAI YE...

अब इस बड़े से ''*क्यूँ*'' का जवाब आपके पास हो तो मुझे भी बताइयेगा । मेरे पास तो नहीं है इसका जवाब ...

बचपन कहीं छूट गया है । आपका और मेरा बचपन ...

जीवन की उधेड्बुन में हमने क्या खोया है और क्या पाया है ...इसका हिसाब कभी लगाया ही नहीं ।

सिर्फ़ बचपन ही नहीं छूटा हमसे और भी बहोत कुछ छूट गया है ...?

अब इसके आगे क्या .....

वो दिन बचपन के

वो दिन बचपन के , **क्यूँ** हमसे छूट गए।
सपनों को पाने में ,कुछ अपने रूठ गए ॥

क्या दिन थे, वो जब हम ,खुलकर हँसा करते थे,
कुछ ओर थी वो मस्ती, जब दिल से दुआ करते थे।

इक दौड़ वो, बचपन की ।

किसने है ,पतंग काटी, स्कूल की कब छुट्टी, दुख-सुख के मेरे साथी।

वो त्योहार वो आँगन, क्यूँ मुझसे छूट गए।
सपनों को पाने में कुछ अपने रूठ गए।

नाना की वो कुछ बातें ,नानी की वो कुछ डांटे,
दादा का वो चेहरा, वो चाचा था, मेरा ।
वो पापा के सपने ,कुछ लोग मेरे अपने।
अब यादें हैं बाकी ,अब बातें हैं बाकी।

एक आंधी आई थी और सब मुझसे बिछड़ गए।
सपनों को पाने में कुछ अपने रूठ गए॥

अब दौड़ है दुनिया की ,सब दौड़े जाते हैं।
मैं उनसे आगे हूँ , वो मुझसे आगे हैं।
अब तेज ज़माना है, सब पर छा जाना है।

कौन पास है अब अपने, कौन साथ है अब अपने, हम सब कुछ भूल गए।
सपनों को पाने में कुछ अपने रूठ गए।

मैं सोच रहा हूँ अब, वो कौन सी है दौलत।

क्या करनी है शोहरत ।

वक़्त के रहते ही, क्यों न संभल जाऊं।

जो पास है मेरे अपने, उसको ना ठुकराऊ ।

ये वक़्त ही कातिल है और खुद ही मरहम है।

जीवन फिर जीना ही, अब मेरी ख्वाहिश है।

वो दिन बचपन के, **अब** हमसे छूट गए।

सपनों को पाने में, कुछ अपने रूठ गए ॥

सपनों को पाने में ,कुछ अपने रूठ गए।

ज़माना-समय   मरहम-दवाई

ये मार्च 2021 की बात रही होगी ,जब होली के मौके पर मेरे पास मोबाइल में एक विडियो मैसेज आया । होली और रंगो की बात थी । किसी ने कहा लाल रंग अच्छा है ,किसी ने नीला और किसी ने पीला रंग अच्छा बताया ।मौका होली का था और मैं अकेला बैठा रंगो की बात सोच बैठा । सबसे अच्छे रंग की बात ?

अब आप तो जानते ही है ,मैं भला क्या सोच सकता था ?

मेरे ज़हन में जो आया मैंने कलमबद्ध कर लिया

अब भी मगर इन पंक्तियों को कभी पढ़ता हूँ .....तो बस बार-बार पढ़ता हूँ ।मुझे नहीं पता , क्यूँ ?

मैंने क्या लिखा आपकी पेश -ए-ख़िदमत है .....

होली - वो रंग ज़िंदगी का

ज़िंदगी में रंग तो बहोत है मगर वो रंग..... बस वो रंग ज़िन्दगी का अच्छा है ।

सबसे अच्छा ....

कौन सा रंग ?

वो रंग ज़िन्दगी का

अच्छा है, सच्चा है

जो खुद को खुद से मिला दे ,जो तुझको मुझसे मिला दे

बिछड़ों को यार मिला दे, अपनों से यार मिला दे

वो रंग ज़िन्दगी का ,अच्छा है, सच्चा है

जाने कब से तरस रहे है ,नैना झर-झर बरस रहे है
जो दिल को आज दवा दे,रोते को फिर से हँसा दे
वो रंग ज़िन्दगी का अच्छा है, सच्चा है

कितनी खुशियाँ ,कितने गम .... करीब से गुज़र गये
हम राह तकते गये ,तुम राहे बदल गये
जो तुमको घर पहुँचा दे, भुली हुई राह... याद दिला दे
वो रंग ज़िन्दगी का अच्छा है ,सच्चा है

जाने पहचाने से ये लोग थे कभी ,छुपाते है नज़रे ... देखकर हमको आज भी
जो फिर पहचान करा दे ,लखते जिगर बना दे
वो रंग ज़िन्दगी का अच्छा है सच्चा है

क्या तेरी कहानी ,क्या उनकी कहानी
सब लोगों की कहानी, सब औरो की जुबानी
जो मेरी कहानी बता दे ,ज़िन्दगी जीना सिखा दे
वो रंग ज़िन्दगी का अच्छा है... सच्चा है।

कितने मशरूफ़ रहें हैं, हम जीने की चाह में
अपनों को भुला दिया 'अंजुमन' हमने राह में
जो जीना यार सिखा दे ,अपनों की याद दिला दे
वो रंग ज़िन्दगी का अच्छा है ...सच्चा है ।

------◆------

ज़हन – मन में   कलमबद्ध-लिखना   मशरूफ़-व्यस्त   लखते जिगर-प्यारा

दोस्तो, सृष्टि को चलाने वाली नारी हमेशा सम्मान की पात्र है ।

मनुस्मृति में कहा गया है ''यत्र नार्यस्तु पूज्यन्ते रमन्ते तत्र देवताः।
यत्रैतास्तु न पूज्यन्ते सर्वास्तत्राफलाः क्रियाः ।।

अर्थात जहाँ नारी की पूजा होती है वहाँ देवता निवास करते है और जहाँ नारी का सम्मान नहीं होता वहाँ किए गए समस्त अच्छे कर्म भी निष्फल हो जाते है ।

नारी का सबसे अद्त रूप है माँ।

जीवन का सबसे अद्त शब्द ! ''माँ''

ईश्वर ने जिसकी रचना करते हुए कोई कमी नहीं की ,वह माँ है ।
सारा संसार जिस एक शब्द में समाहित हैं वह माँ हैं।

एक माँ का सारा जीवन अपनी संतान के लिए ही समर्पित होता है ,अब चाहे वह व्यक्त करे या न करे । चाहे वह कहे या ना कहे । माँ प्यार, त्याग ,ममता और बलिदान की इक जीती जागती मिसाल है इस धरती पर ।

प्रस्तुत पंक्तियाँ समर्पित है हर उस नारी को जो इक पिता का गुरूर है , माँ का सम्मान है, बेटी है, बहन है, बहू है, जीवनसंगीनी है, दोस्त है और एक.... माँ है ।

मैं तुझ पर क्या लिख पाऊँगा माँ ।

तू जीवन है ,तू धरती है,

तू ही सृष्टि मेरी माँ ।

मैं तुझ पर क्या लिख पाऊँगा माँ ।

भंवरों की गूँजन में तू है, बादल की गर्जन में तू है ।

बरगद की छाया में तू है ,तू है नदी, तू ही सागर ।

तू ही धरती ,तू ही अंबर ।

सृष्टि की हर शय में तू है ,मैं कैसे कर्ज चुकाऊंगा माँ ।

मैं तुझ पर क्या लिख पाऊँगा माँ ।

तू जीवन है, तू धरती है, तू ही सृष्टि मेरी माँ ।

बचपन मेरा बीता ऐसा ,तेरा आंचल तेरी ममता, दिल में जिसे बसाया है।

खुद गीले में सोई है माँ ,सूखे में मुझे सुलाया है।

कितना तूने प्यार दिया है, प्रश्न है सम्मान का।

तू जीवंत उदाहरण है माँ ,धरती पर भगवान का ।

झर-झर बहते ,आँसू मेरे ,रोक नहीं मैं पाऊंगा माँ ।

मैं तुझ पर क्या लिख पाऊंगा माँ ।

तू जीवन है, तू धरती है, तू ही सृष्टि मेरी माँ ।

माँ मेरी कुछ भोली है । माँ मेरी कुछ बुद्धू है।

देखो, कितनी अनपढ़ है ।

खाना मुझे खिलाती है ,गरम चपाती लाती है, मैं जी भर कर खा जाता हूँ ,

वो दो तक ही गिन पाती है ।

खुद का उसको ध्यान नहीं ,भूखे ही सो जाती है ।

मैं तुझको क्या समझाऊँगा माँ ।

मैं तुझ पर क्या लिख पाऊंगा माँ ।

तू जीवन है ,तू धरती है, तू ही सृष्टि मेरी माँ ।

आँखों की क्या बात करूं ,वो सब कुछ गलत बताती है ।

मैं कुछ भी अगर पहनता हूँ, तो सुंदर मुझे बताती है ।

सब मुझको मोटा कहते हैं, इक वो कमजोर बताती है।

मैं कैसे तुझे झुठलाऊंगा माँ ।

मैं तुझ पर क्या लिख पाऊंगा माँ ।

तू जीवन है तू धरती है तू ही सृष्टि मेरी माँ ।

अब भी तन्हा डरता हूँ, माँ ।

बातें खुद से करता हूँ, माँ ।

जब अंबर से प्यार बरसता, मुझको तेरा चेहरा दिखता

मैं अब भी बादल से कहता ।

तू ओर बरस, कहीं ओर न जा ।

मैं कैसे प्यार भूलाऊंगा माँ ।

मैं तुझ पर क्या लिख पाऊंगा माँ ।

तू जीवन है तू धरती है ,तू ही सृष्टि मेरी मां

मैं तुझ पर क्या लिख पाऊँगा माँ

मैं तुझ पर क्या लिख पाऊँगा माँ

———◆———

सृष्टि-प्रथ्वी   जीवंत-सजीव   झुठलाऊंगा-गलत साबित करना

तू देख ज़िंदगी

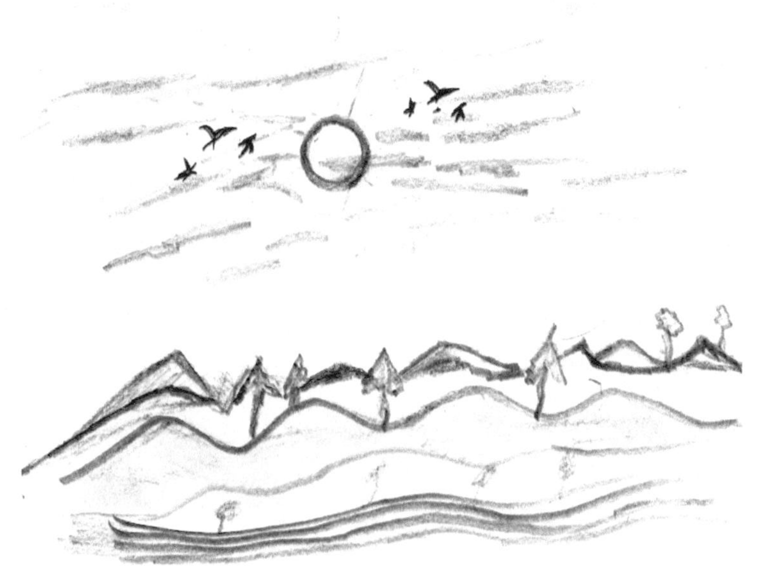

उड़ने लगा हूँ मैं, तू देख ज़िंदगी
थोड़ा सा आसमां और चाहिए परवाज़ को मेरी

UDHNE LAGA HOON MAIN, TU DEKH ZINDAGI

THODA SA AASMAAN AUR CHAHIYE PARWAAZ KO MERI...

आसमां-आसमान   परवाज़-उड़ान

वालिद

वालिद का है मक़ाम ऊँचा ज़माने में ।
वरना ,देखा है हमने बहुतों को खुदा होते हुए ॥

WALID KA HAI MAKAAM OONCHA ZAMAANE MEIN.

WARNA, DEKHA HAI HUMNE BAHUTON KO KHUDA HOTE HUYE.

वालिद -पिता   मक़ाम-स्थान

सानिध्य-वो मेरी उँगली पकड़कर चला

समय कैसे बीत जाता है पता ही नहीं चलता । अभी कल ही की तो बात है ....

हाँ -मैंने एक नन्ही सी जान की किलकारियाँ सुनी थी ।

दौड़कर गले से लगाया था उसे । मेरे बाजुओं में फूल से भी हल्का वो मासूम, टूकुर -टूकुर आकाश की ओर ताक रहा था .....अपने दायें हाथ का अँगूठा मुँह में दबाये ।

स्थान कायरों ,इजिप्त की राजधानी

हम दिल्ली पहुँचे थे ,बुलबुल और मैं "सुंदर लाल जैन हॉस्पिटल" और उसके जन्म के तुरंत ही बाद हम हरिद्वार आ गए । फिर क्या था ,

अक्सर हर की पौड़ी पर जाकर हम बैठ जाते और घंटो गंगा जी की जलधारा को निहारते रहते ।

सामने ऊँचे पहाड़ और दूर-दूर तक पावन छटा ....मंदिरों से आरती ,मंजीरे और घंटा ध्वनि,अपने आप में एक अनूठा अहसास है

शायद उसका ही कोई पिछले जन्म का रिश्ता रहा होगा इस आध्यात्म से,तो हमें भी पुण्य फल प्राप्त हो गया इस पावन धरती के सानिध्य का ।

आज फिर दिल्ली के बगल में ही लौट आए है नोएडा ....

करीब 12 वर्ष का अरसा हो गया है । और समय उड़ गया पंख लगाकर , फुर्र ....

आज भी लगता है आर्यन उतना ही मासूम है वो जितना उस समय था जब मैंने देखा था पहली बार । अपनी गोद में उठाकर ...

दुनिया के किसी भी माता-पिता के लिए अपनी संतान को बड़ा होते देखने से अधिक सुखद अनुभव

कुछ और नहीं है शायद ......

वो मेरी उँगली पकड़कर चला

वो मेरी उँगली पकड़कर चला
मैं भी पीछे-पीछे ख़्वाब बुनता चला ।

अपनी आधी अधूरी अभिलाषाओ की डोर ।
और उसकी एक मुस्कान लपेटे चला

वो मेरी उँगली पकड़कर चला
मैं भी पीछे-पीछे ख़्वाब बुनता चला ।

नन्हें-नन्हें पाँव.... माटी का स्पर्श ।
नन्ही-नन्ही आशाएँ , नन्हे से जीवन की
उसकी दुनिया मैं और मेरी दुनिया वो हो चला

वो मेरी उँगली पकड़कर चला
मैं भी पीछे-पीछे ख़्वाब बुनता चला ।

वो इक दिन जब दुनिया में आया था वो ,मुझे देख मुस्काया था वो
उम्मीदों का दामन थामें ,गिरता दौड़ता ,
मुझे ना साथ पाकर पीछे मुड़कर देखता
हँसता खिलखिलाता ,हर रोज़ नये करतब दिखलाता
.......आज मुझसे आगे दौड़ चला

वो मेरी उँगली पकड़कर चला
मैं भी पीछे- पीछे ख़्वाब बुनता चला ।

मेरे काँधे तक आता है वो अब ,
मुझे बच्चो सा समझता है वो अब
मैं दोस्त ही लगता हूँ उसको
वक़्त आज फिर मुझको दोहराने चला

वो मेरी उँगली पकड़कर चला
मैं भी पीछे-पीछे ख़्वाब बुनता चला ।

अभिलाषा-इच्छा

Section 7

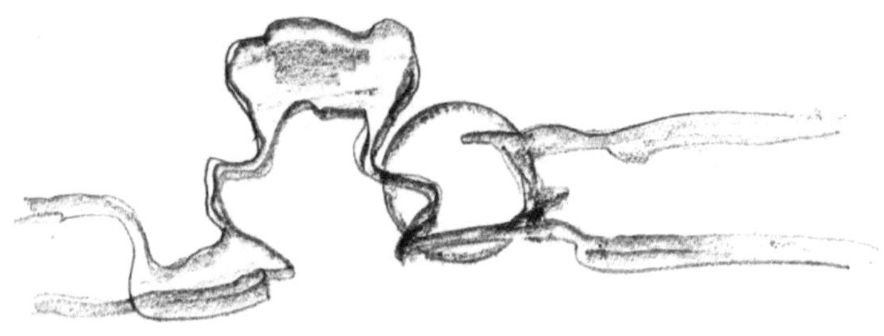

ज़िन्दगी धुआँ-धुआँ

सुकून

बड़े होकर तुम्हें डॉक्टर ,इंजीनियर ,मैनेजर,बनना था

तुम बन गए

मुझे **सुकून** बनना था

शोर बन गया हूँ

कभी-कभी खामोशियाँ भी बहोत शोर करती हैं ना ....

तुम्हें क्या लगता है ?????????

BADE HOKAR TUMHEIN DOCTOR, ENGINEER, MANAGER BANNA THA

TUM BAN GAYE

MUJHE SUKOON BANNA THA

SHOR BAN GAYA HOON

KABHI KABHI KHAMOSHIYAAN BHI BAHOT SHOR KARTI HAIN NA....

TUMHEIN KYA LAGTA HAI ???????

❋खुद को ख़ुदा समझ लिया था❋

उलझा रहा हूँ अब तलक
ख़त के लिफ़ाफ़े में ।
ख़त खोला तो पैगाम था ,
ज़िंदगी का सलाम था
देर बहोत कर दी थी मैंने ,खुद को ख़ुदा समझ लिया था ....

ULJHAA RAHA HOON AB TALAK

KHAT KE LIFAAFE MEIN

KHAT KHOLA TO PAIGAAM THA

ZINDAGI KA SALAAM THA

DER BAHUT KAR DI THI MAINE,

KHUD KO KHUDA SAMAJH LIYA THA....

ख़त-पत्र   लिफ़ाफ़ा-बाहरी आवरण

सिर्फ़ एक इशारा

कभी हँसाता है, कभी रुलाता है

वक़्त इंसान को बहुत कुछ सिखलाता है ।

एक उसूल था मेरे पिता का ,पहले सिखलाते थे फिर गलती पर सजा देते थे ।

मगर इस वक़्त का निज़ाम ही अलग है ,पहले सजा देता है फिर सिखलाता है ।

अपना नहीं है ना ये शायद इसीलिए ...

मैं नासमझ था और नासमझ हूँ इसलिये जरा देर से समझा जो कुछ भी थोड़ा बहुत समझा ।

उम्र हो चली है ,मगर हकीकत ये है कि सीखता और समझता आज भी हूँ....मैं चाहूँ या ना चाहूँ ।

यहाँ मेरी हाँ या ना ,कोई मायने नहीं रखती ज़िंदगी को तो बस सिखाना है ठोकरें लगाकर ।

दुलारकर ,पुचकारकर सिखाने वाले जहाँ चले गये वहाँ से लौटेंगे नहीं ।

हालाँकि उम्र के ऐसे पड़ाव पर हूँ जहाँ खुद से ज्यादा समझदार कोई और नहीं दिखता ।

एक ऐसे शहर में हूँ जहाँ हर शख़्स खुद को समझदार कहता है ।

ऐसे लोगों के बीच हूँ जहाँ कोई मुझे नहीं जानता । और ना ही मैं किसी को जानता हूँ ।

क्या आपको नहीं लगता

समझदार को **इशारा** काफी है

.........सिर्फ़ एक इशारा

* • *

उसूल-नियम

ऐ ज़िंदगी आज फिर

ऐ ज़िंदगी आज फिर तेरी हम पनाहों में है ...
देखा है अब तलक ,सिर्फ बदलते हुए..... हमें अपना कहने वालों को ...

AE ZINDAGI AAJ PHIR TERI HUM PANAHON
MEIN HAIN..

DEKHA HAI AB TALAK SIRF BADALTE HUE....
HUMEIN APNA KEHNE WAALON KO...

पनाह-शरण   हकीकत-सच्चाई

तू देख गुमाँ ना कर

तू देख गुमाँ ना कर
साहिल पर ज़िंदगी
हर मौज किनारे से आकर नहीं मिलती...

TU DEKH GUMAAN NA KAR

SAHIL PAR ZINDAGI

HAR MAUJ KINAARE SE AAKAR NAHI MILTI...

गुमाँ-घमण्ड   साहिल-किनारा   मौज – लहरें

चमकते सितारों को देखा है

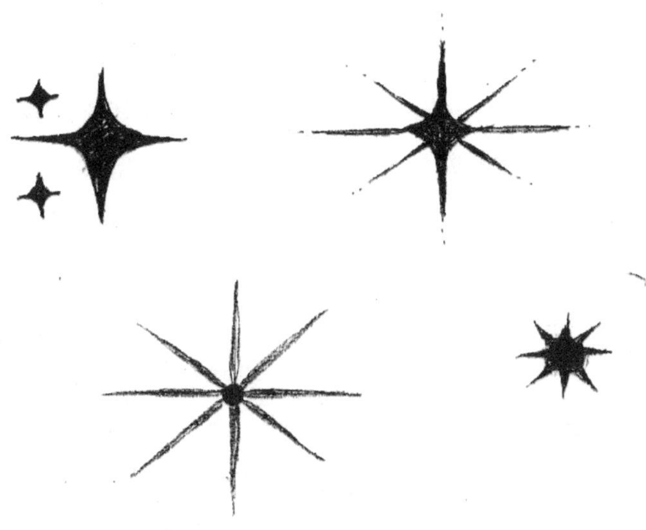

उम्मीद है मुझे अँधेरों से आज भी
कल रात ही मैंने,आसमां में चमकते सितारों को देखा है

UMMEED HAI MUJHE ANDHERON SE AAJ BHI

KAL RAAT HI MAINE AASMAN MEIN CHAMAKTE
SITAARON KO DEKHA HAI

उम्मीद- भरोसा

हर फिक्र धुएँ में उड़ा रहा था

वो वहाँ सामने बैठा था मुँह में सिगरेट दबाये । कश पर कश लगा रहा था आँखे बन्द किये ।

एक सिगरेट ख़त्म तो दूसरी शुरू ,दूसरी के बाद तीसरी ...

छत की तरफ लगातार धुआँ छोड़ रहा था।

.....मालूम होता था इंसान नहीं मालगाड़ी का इंजिन हो जैसे।

आस पास बैठे लोगों में ,बिना किसी ओर की पसंद ना पसंद की परवाह किये, उन तक भी अपने बनाए हुए , धुएँ के बड़े बड़े से गुबार लगातार बेहद शिद्दत से भेज रहा था ।

कुछ लोग मजबूरन बीच-बीच में खाँसकर ये पूछना भी चाहते थे कि भई ,तुम्हारा स्टेशन कब आयेगा ।

आखिर... कब रुक जाओगे तुम ?

बहोत हिम्मत चाहिये होती होगी ये कमाल करने के लिए ....आज ही जाना मैंने एक डिब्बी सिगरेट भी कुछ कम कमाल नहीं करती ।

ख़ास बात ये भी थी कि यह शक्स उनमें से एक था जिन लोगो ने मुझे कभी छलाँग लगाना सिखाया था ।

छलाँग ...। जीवन में कई लोग ऐसे मिलते है जो कदम-कदम पर आपका साथ देते हैं और आप इनकी तारीफ़ करना नहीं भूलते ।

वही इसके विपरीत कुछ अन्य लोग हैं जो आपकी टाँग कसकर तब तक पकड़े रहेंगे जब तक आप गिर नहीं पड़ते।कारण - यूँ ही बेवजह इन्हे ग़लत मत समझिए ।

ये वे लोग हैं जो आपको छलाँग लगाकर मुश्किलों का सामना करना सिखाते हैं ,आगे बढ़ना सिखाते है,जीतना सिखाते हैं ।

कुछ जज़्बात मेरे छलक आए थे शब्द बनकर....

मैंने लिख लिया ,अपनी डायरी में .....

धुएँ के गुबार बना रहा था वो

हर कश में ज़िंदगी गुज़ार रहा था वो

और

हम थे कि कशमकश में ही रहे उम्र भर ......

हमको ही ना आया अब तलक ,

ज़िंदगी को धुएँ में उड़ा देना ।

फिक्र-परेशानी   कश-सिगरेट से धुआँ भीतर बाहर छोड़ना

कशमकश-असमंजस

ज़िंदगी कीमती है

आज शाम दफ़्तर से घर आते हुए स्टॉप लाइट पर रुका ,
एक ऑटो रिक्शा पर लिखा था
ज़िंदगी रही तो फिर मिलेंगे ...

अच्छा लगा ,मैंने मोबाइल में तुरंत फोटो खींच ली
ख़्याल एक ही था मेरे दिल में "ज़िंदगी "
ज़िंदगी कीमती है .....गाड़ी धीरे चलाइये.....
और हाँ गाड़ी चलाते वक़्त मोबाइल का इस्तेमाल मत करिये ...
सुरक्षित चलिये ....सुखी रहिये

AAJ SHAAM DAFTAR SE GHAR JAATE HUE
STOP LIGHT PAR RUKA

EK AUTO RICKSHAW PAR LIKHA THA

ZINDAGI RAHI TO PHIR MILENGE

ACCHA LAGA, MAINE TURANT PHOTO
KHEENCH LI

KHYAAL EK HI THA MERE DIL MEIN
"ZINDAGI"

ZINDAGI KEEMTI HAI...GAADI DHEERE
CHALAAYEIN ...

AUR HAAN GAADI CHALAATE WAQT MOBILE KA ISTEMAAL MAT KARIYE ....

Drive safe........stay blessed ....

दफ़्तर-ऑफिस   ख़्याल- मन में उपजी नई बात

चेहरा बदल जाता हूँ

खुदगर्ज़-मतलबी

मुझको ना बनाओ आईना अपना
तुम जैसा नहीं मैं ....थोड़ा सा खुदगर्ज़ हूँ और
थोड़ा सा बेवफा भी
मतलब निकालकर चेहरा बदल जाता हूँ
आखिर .....इंसा हूँ मैं ...

इंसानियत और इंसान

हर तरफ हुजूम है इन्सानो का
इंसा मगर कोई नहीं

उसने मारा है मुझे ,सबूत है मेरे पास

लेकिन इस कत्ल की सजा कोई नहीं

हर तरफ हुजूम है इन्सानो का

इंसा मगर कोई नहीं

कभी महँगाई ,कभी इंसानियत ,कभी दौलत,

कभी मुफ़लिसी ने मारा

इसकी जात कोई नहीं

हर तरफ हुजूम है इन्सानो का

इंसा मगर कोई नहीं

मुक़ाबला रहा जज़्बातों का उम्रभर दरम्या मेरे

जीती मगर खुदग़ार्ज़ी ही हर दफ़ा

यहाँ इस मुहब्बत का तलबगार कोई नहीं

हर तरफ हुजूम है इन्सानो का

इंसा मगर कोई नहीं

हुजूम-भीड़   मुफ़लिसी-गरीबी   दरम्या-मध्य   खुदग़ार्ज़ी-मतलबपरस्ती

ज़माने भर से जो थी शिकायत...

ज़माने भर से थी जो, शिकायत।
मैं अब भी उसको, निभा रहा था । ।
मैं खुद से खुद को,छुपा रहा था

जो कहते-कहते, चले गए हैं।
मैं अब भी उनको, बुला रहा था।
मैं खुद से खुद को छुपा रहा था ।

गुज़र गए हैं ,ज़माने कितने ।
मैं अब भी लेकिन, वहीं खड़ा था।
मैं खुद से खुद को ,छुपा रहा था ।

मुझे ऐ दुनिया ,ना गैर समझो।
मैं आईना हूँ, तेरा अपना ।
कुछ रोज बीते,कुछ साल बीते,
मुझे ही तूने, खुदा कहा था ।
मैं खुद से खुद को छुपा रहा था।

ये आँसुओं का समा है ,मुश्किल।
दौर पर दौर चल रहा था ।
क्या है मुहब्बत ,बता रहा था ।
मैं खुद से खुद को छुपा रहा था।

जमाने भर से जो , थी शिकायत।

मैं अब भी उसको, निभा रहा था।

मैं खुद से खुद को छुपा रहा था ।

❋यूँ ही नहीं जुड़ा है ये कारवाँ❋

यूँ ही नहीं जुड़ा है ये कारवाँ
कुछ लोग साथ थे दीवाने से,
आज भी हैं
मेरा हौसला बनकर ......

YOON HI NAHI JUDA HAI YE KAARVAAN

KUCH LOG SAATH THAY DEEWANE SE,

AAJ BHI HAIN

MERA HAUSLA BANKAR....

कारवाँ- व्यक्तियों का समूह जो किसी यात्रा या प्रवास पर हो

ज़र्रे को आफ़ताब कर देना

रखिये ख़लिश सी सीने में दबाकर कोई
वक़्त आए जो कभी,ज़र्रे को आफ़ताब कर देना

RAKHIYE KHALISH SI SEENE MEIN DABAAKAR KOI

WAQT AAYE JO KABHI, ZARRE KO AFTAAB KAR DENA

ख़लिश – कुछ कर गुजरने का दर्द   ज़र्रे -कण   आफ़ताब -सूरज

❋नफ़ा-नुकसान❋

गणित शुरू से थोड़ा कमजोर ही था हमारा ....

और हिसाब किताब में भी कच्चे ही रहे हम

हर सौदा दुनियादारी का , दिल से ही कर डाला ....

बेहतर है , नफ़ा-नुकसान ना निकाला जाये बातों का हमारी

GANIT SHURU SE KAMZOR HI THA HAMARA

AUR HISAAB KITAAB MEIN BHI KACCHE HI RAHE HUM

HAR SAUDA DUNIYADARI KA DIL SE HI KAR DAALA ....

BEHTAR HAI, NAFA-NUKSAAN NA NIKAALA JAAYE

BAATON KA HAMARI

नफ़ा-फ़ायदा

क्यूँ टुकड़ो-टुकड़ो में बिखर आया है तू

हर रोज भुलाता हूँ तुझे
जानें **क्यूँ** याद आता है तू, मुझे

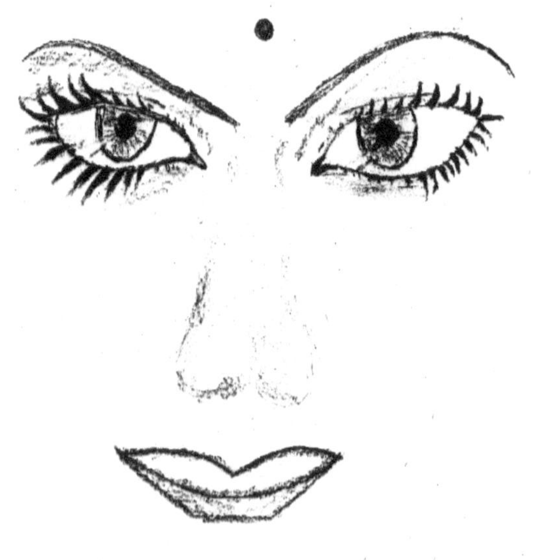

इक दफ़ा फिर दिल ने भुलाया है तू

याद बनकर आँखों से छलक आया है तू

मिलना है तो मुकम्मल मिल

क्यूँ टुकड़ो- टुकड़ो में बिखर आया है तू

तेरी आँखें बोलती हैं कहता था तू

आँखों में जन्नत ,आँखों में जादू ,कहता था तू

अब मगर रुलाकर हमको, जाने क्या पाया है तू

आईना देखकर लगता है कि मैं हूँ, फिर लगता है कि तुम हो......

जिधर देखूँ उधर तुम हो

शायद मुझमें ही कहीं सिमट आया है तू

रूठकर जाने वाले, तेरा हमसाया हूँ मैं

कुछ ऐसा लगता है मुझे

तुझको भी तो यही लगता होगा ,फिर कैसे मुकर आया है तू

है पास तुझे , मेरी मुहब्बत का

जल्दी आ जा ,मेरी साँसो की डोर चुरा लाया है तू

हर रोज भुलाता हूँ तुझे

जानें क्यूँ याद आता है तू मुझे

———◄•►———

मुकरना -मना करना   पास -कसम

भुला दो मुझे गर भूल पाओ जो तुम

भुला दो मुझे गर भूल पाओ जो तुम
मैं ख़्वाब बनके आया करूँगा,
मिलना मुझे गर चाहो जो तुम

तराना कोई गूंजेगा जब भी
हर गीत में, संगीत में
....धड़कता मुझे पाओगे तुम

सावन का क्या है चला आता है
बरसेंगी जब भी बारिश की बूँदें
हर बूंद में भीगाता तुम्हें, मुझे पाओगे तुम

आयेंगी बहारें, मेरा नाम लेकर
हर फूल में महकता हुआ
खुशबू का झोंका ,मुझे पाओगे तुम

कभी याद आऊँ, बहोत मैं जो तुमको
मत भूल जाना, नज़रें उठाना
एक तारा वहाँ आसमां में है ,चमकता हुआ मुझे पाओगे तुम
भुला दो मुझे ,गर भूल पाओ जो तुम

गर-अगर ,यदि

फिर तुम लौट आये

मैं बहोत तेज दौड़ा रहा, वक़्त से आगे निकाल जाने को ।
सब छूटे .. तुम छूटे ..॥

फिर ना दिन गुज़रा, ना रात हुई ।
आँसुओ की जैसे बरसात हुई॥

अब मैं रुका-रुका सा था ।
और बहोत तेज चली थी ज़िंदगी ..॥

फिर तुम लौट आए
"अंजुमन" बात बन गई।
और ज़िंदगी एक खूबसूरत किताब हो गई ॥

हम नहीं जाते दिल से

आंसा नहीं है भुला देना हमको यूँ ही ....
हम नहीं जाते दिल से, इक बार आ जाने के बाद

Aasaan nahi hai bhula dena humko yoon hi ....

Hum nahi jaate dil se, ik baar aa jaane ke baad

संदीप 'अंजुमन'

NOTES

NOTES